世界历史穿越报

SHIJIE LISHI CHUAN YUE BAO

用有趣的文字
讲真实的历史

大航海时代

彭凡 / 著

全国百佳图书出版单位

化学工业出版社
·北京·

图书在版编目（CIP）数据

世界历史穿越报. 大航海时代/彭凡著. —北京：化学工业出版社，2022.4（2025.1重印）
ISBN 978-7-122-40773-3

Ⅰ.①世… Ⅱ.①彭… Ⅲ.①世界史-儿童读物 Ⅳ.①K109

中国版本图书馆CIP数据核字（2022）第025365号

责任编辑：孙　炜　　　　　　文字编辑：刘　璐　陈小滔
责任校对：王　静　　　　　　装帧设计：尹琳琳

出版发行：化学工业出版社（北京市东城区青年湖南街13号　邮政编码100011）
印　　装：北京宝隆世纪印刷有限公司
710mm×1000mm　1/16　印张12　2025年1月北京第1版第5次印刷

购书咨询：010-64518888　　　　　　　售后服务：010-64518899
网　　址：http://www.cip.com.cn
凡购买本书，如有缺损质量问题，本社销售中心负责调换。

定　价：39.80元　　　　　　　　　　　　　　　版权所有　违者必究

世界历史穿越报

·大航海时代·

前　言

每个民族，都有自己的过去。

每个国家，都有自己的历史。

那么，那些跟我们不同肤色、不同语言的人们，他们又是从哪里来的呢？

他们会不会和我们一样，也有自己的黄河母亲？

他们是怎么学会说话和写字的？

他们也爱吃米饭跟馒头吗？

他们也穿丝绸做的衣裳吗？

他们也有皇帝吗？他们的皇帝跟我们的皇帝一样拥有至高无上的权力吗？

他们创造过哪些了不起的成就和辉煌呢？

也许，他们有很多跟我们一样的地方，但他们一定也有很多跟我们不一样的地方。

为了搞清楚这些问题，我们报社的工作人员全体出动，乘坐时光机，穿越遥远的时空，去探访世界各地的人们曾经是怎么生活的，去见证在他们身上发生过哪些波澜壮阔的事情。

我们将采访到的一切，都刊登在《世界历史穿越报》中。我们将报纸做成一个合订本，每册有10~12期。这套《世界历史穿越报》一共有十个合订本，分别记录了我们在不同时空、不同国家的所见所闻。

  每一期报刊都是我们冒着生命危险，辛苦采访和探寻的结晶，相信里面精彩的栏目和内容一定会让你大饱眼福——

  "世界风云"是主打栏目。这里刊登的全是世界大事，譬如国家的诞生、战争与荣耀，以及帝王的生平事迹，等等。

  "自由广场"是一个有趣的栏目。这里刊登了我们在各个时空的酒吧中搜集的各种奇奇怪怪的言论。你会发现，古人和今人一样，也喜欢聚在一起讨论各种八卦新闻呢。

  "奇幻漂流"是我们专门为历史人物设立的一个来信栏目。他们遇到疑惑和烦恼，会给报社来信，我们有专业的编辑贴心为他们解答疑惑，抚慰他们的心灵。

  "名人来了"是一个采访栏目。我们派出报社最八卦、最大胆的记者越越，去采访当时最杰出、最有争议的名人，挖掘他们的内心世界，将他们最真实的一面展现给大家。

  另外，我们还有"智慧森林""嘻哈乐园""广告贴吧"等栏目，为大家展现当时最先进的科学技术，最时髦的文化潮流，以及一些五花八门的广告、漫画等，一定让你目不暇接，忍俊不禁。

  最后，我们希望读者们能够通过这套报刊，学到知识，认识世界，然后成为一个视野开阔、见识广博的人。

目 录

第❶期 文艺复兴特刊：三颗巨星

【顺风快讯】	啦啦啦，我们要玩"复古风"	2
【自由广场】	什么是文艺复兴	3
【世界风云】	但丁：文艺复兴第一人	5
	一个很会讲故事的人	7
	封不起来的圆顶	9
【智慧森林】	小鱼说什么	11
【奇幻漂流】	美食和旅行也有错吗	12
【名人来了】	特约嘉宾：乔托	13
【广告贴吧】	大画家招学徒	15
	只选一个教皇	15
	欢迎大家来到佛罗伦萨共和国	15

第❷期 航海急先锋

【顺风快讯】	走，一起去东方吧	17
【自由广场】	哪一条路最好走	18
【世界风云】	没有出过一次海的航海家	20
	发现好望角，好运即将到来	22
【奇幻漂流】	向东走，还是向西走	24
【智慧森林】	世上最高危的工作之一	25
【名人来了】	特约嘉宾：亨利	26
【广告贴吧】	提供免费木材	28
	航海学校招生了	28
	成功发现"佛得角"	28

第❸期　哥伦布发现新大陆

【顺风快讯】	西班牙人也出海了	30
【绝密档案】	"疯子"哥伦布的"伟大创想"	31
【世界风云】	歪打正着，哥伦布发现新大陆	33
	谁能把鸡蛋竖起来	37
【自由广场】	新发现的地方归谁	39
【奇幻漂流】	英雄永远不会死	40
【名人来了】	特约嘉宾：哥伦布	41
【广告贴吧】	新大陆说明会	43
	出售印第安神草	43
	请大家一起作证	43
【智者为王】	智者为王第 1 关	44

第❹期　找到香料的人

【顺风快讯】	葡萄牙人又要出海了	46
【世界风云】	达·伽马发现印度啦	47
	麦哲伦要绕着地球兜一圈	50
	首次环球航行成功归来	52
【奇幻漂流】	少掉的一天，去了哪里	53
【自由广场】	地球是方的，还是圆的	54
【智慧森林】	香料为什么这么值钱	55
【名人来了】	特约嘉宾：麦哲伦	56
【广告贴吧】	发现巴西	58
	沉痛吊唁迪亚士	58
	胜利属于葡萄牙	58

第❺期　非洲和葡萄牙特刊

【顺风快讯】	你并不了解的非洲	60
【绝密档案】	西边黄金，北边盐	61
【世界风云】	"黄金之王"的黄金之旅	64
	走得最远的旅行家	65
	会说话的牲口	66
【自由广场】	是买主还是强盗	68
【奇幻漂流】	如何在澳门永远住下来	69
【名人来了】	特约嘉宾：佚名	70
【广告贴吧】	请不要再找约翰王了	72
	本店简介	72
	诚招"驴友"	72

第❻期　西班牙人在美洲

【顺风快讯】	印第安人来自哪里	74
【自由广场】	黄金国和不老泉	75
【绝密档案】	了不起的印第安文明	76
【世界风云】	破釜沉舟，征服墨西哥	78
	160∶6000000，一场豪赌	82
【奇幻漂流】	怎样才能帮到印第安人	84
【名人来了】	特约嘉宾：皮萨罗	85
【广告贴吧】	求购	87
	卖奴隶了	87
	给印第安人的通告	87
	一起横穿美洲吧	87
【智者为王】	智者为王第2关	88

第❼期　文艺复兴特刊：三大巨匠

【顺风快讯】	说说意大利的艺术家们	90
【世界风云】	史上第一牛人	91
	不可超越的雕塑巨匠	94
	美丽"圣母"，成就一代"画圣"	96
【奇幻漂流】	不择手段，统一意大利	99
【自由广场】	艺术家的背后	100
【名人来了】	特约嘉宾：米开朗基罗	101
【广告贴吧】	美第奇招生启事	103
	致伟大的艺术家们	103
	与艺术家共进晚餐	103

第❽期　马丁·路德和宗教改革

【顺风快讯】	教皇缺钱，兜售"赎罪券"	105
【自由广场】	胳膊拧得过大腿吗	106
【世界风云】	模范教士挑战教会	107
	罗耀拉创建"耶稣会"	110
【奇幻漂流】	基督教徒可以结婚吗	111
【智慧森林】	丢勒和《祈祷之手》	112
【名人来了】	特约嘉宾：闵采尔	114
【广告贴吧】	辩论赛通知	116
	《愚人颂》再版	116
	求见小荷尔拜因	116

第❾期　西班牙称霸欧洲

【顺风快讯】	西班牙国王当上罗马皇帝	118
【自由广场】	当国王遇上国王	119
【世界风云】	西班牙称霸欧洲	120
	苏莱曼兵围维也纳	122
【智慧森林】	"笑匠"拉伯雷与《巨人传》	123
【奇幻漂流】	国王的烦恼	125
【名人来了】	特约嘉宾：查理五世	127
【广告贴吧】	出售司法官职	129
	出租葡萄庄园	129
	买火绳枪，到官方火枪坊	129
	交易所活动公告	129
【智者为王】	智者为王第3关	130

第❿期　英格兰的头等大事

【顺风快讯】	国王的头等大事	132
【自由广场】	英格兰的事英格兰人作主	133
【世界风云】	为离婚，英王创建新教会	134
	有钱人的秘密	136
	圈地运动，一场羊"吃"人的惨剧	138
【奇幻漂流】	乌托邦在哪里？	141
【名人来了】	特约嘉宾：托马斯·莫尔	142
【广告贴吧】	逮捕令	144
	关于流浪者的部分规定	144
	沉痛吊唁好友莫尔	144

第11期　囚徒与女王

【顺风快讯】	"血腥玛丽"与她的丈夫	146
【世界风云】	这个女王不一样	147
	女王杀了女王	150
	海盗将军大败无敌舰队	151
【自由广场】	女王为何不结婚	154
【智慧森林】	莎士比亚：文字的魔术师	155
【奇幻漂流】	如何入主巴黎	157
【名人来了】	特约嘉宾：伊丽莎白·都铎	158
【广告贴吧】	徽章批准通告	160
	东印度公司成立通告	160
	指南针的秘密	160
	改用格里历	160

第12期　海上马车夫

【顺风快讯】	尼德兰：即将爆炸的火药桶	162
【世界风云】	"乞丐"闹革命，尼德兰变屠宰场	163
	荷兰共和国成立了	164
	海上马车夫的秘密	166
【奇幻漂流】	该把荷兰交给谁	168
【自由广场】	荷兰人的黄金时代	169
【智慧森林】	为真理献身的科学家	170
【名人来了】	特约嘉宾：伽利略	173
【广告贴吧】	求投资	175
	《唐·吉诃德》，一部划时代的作品	175
	专利所有，打击盗版	175
【智者为王】	智者为王第4关	176

【智者为王答案】	177
【世界历史大事年表】	179

第 1 期
【1300 年—1425 年】

文艺复兴特刊：三颗巨星

穿越必读

进入 14 世纪后，中世纪的欧洲发生了巨变。随着工场手工业和商品经济的发展，人们开始有了新的需求，开始怀疑教会，呼唤自由。一场轰轰烈烈的文艺复兴运动就此拉开序幕……

顺风快讯

啦啦啦，我们要玩"复古风"
——来自意大利的快讯

来自意大利的快讯

（本报讯）自从教会从意大利搬走后，意大利的经济就像挣脱了缰绳的野马，撒了欢似的跑起来。光佛罗伦萨这一个地方，就有两百多家手工工场，三万多名纺织工人。

商人们有了钱，就想找点有意思的事情做做。可教会却告诉他们：读书不能上天堂，要读只能读《圣经》；有钱也是一种罪，除非把钱捐给教会！

实在是讨厌透顶！

偏偏这时候，意大利来了很多逃难的东罗马学者。他们带来了许多古希腊和古罗马的故事，意大利人听得入了迷——啊，很久以前，我们的文明是多么辉煌、多么灿烂啊，有先进的法律，有美丽的绘画，有优雅的雕塑，还有宏伟的建筑……可现在呢，什么都没有！这也太落后了吧？！

不行，我们不能再这样下去了！我们要复古！要让古希腊、古罗马重新活过来！

于是，一场轰轰烈烈的"文艺复兴"运动就开始了……

自由广场

什么是文艺复兴

某皮鞋匠

这文艺复兴是什么意思？是鼓励人们回到过去？还是像古人那样画画、写诗、思考？

回是回不去的，又没有时光飞船。应该是主张像以前一样重视人，以及人创造的一切。人才是这个世界的主人，而不是神。

某画室学徒

某教士

兄弟姐妹们，这样做很危险啊！咱们都是上帝造的，上帝高于一切，应该以神为中心，把自己的一切都奉献给神，这样死后才能进天堂！

天堂？你见过天堂是什么样子吗？我倒觉得，古罗马、古希腊的每一样东西，都比天堂有趣得多！哼！

某富商

某哲学家

别听教士们瞎忽悠，就因为信了神，咱们一直发展不前，任由他们摆布。现在咱们有钱有权，有自己的行会、自己的国家，为什么还要受他们管束呢？一个人只能活一次，我们要借这个机会，建立新的文化和制度！告诉全世界，我们人，才是创造世界的主人！

嘻哈乐园

世界风云

但丁：文艺复兴第一人

说起文艺复兴，人们想到的第一个人，就是但丁。

但丁是意大利最伟大的诗人之一，出生在佛罗伦萨一个没落的贵族家庭。很小的时候，他的母亲就去世了，后来父亲又娶了个妻子。

可怜的娃不受继母待见，从小就不爱说话，最大的爱好就是看书、学习。不到十岁，但丁就读完了古罗马诗人维吉尔的所有诗集，自己也爱上了写诗。

长大后因为学识渊博，又有才干，他深得人们信任，被选为佛罗伦萨共和国的六大行政官之一。

当时，佛罗伦萨盖尔非党有两个派，一个叫黑党，心"黑"手"黑"，是教皇和教会的帮凶；一个叫白党，向往光明、自由与独立，不想受教皇控制。但丁自然站在白党这一边，他认为，意大利要实现统一，必须先把教皇赶出去。

这样一来，他就得罪了黑党。黑党于是给他扣了个"贪污公款"的帽子，把他赶出了佛罗伦萨。

被驱逐的日子很不好过，吃不好，穿不暖，但但丁觉得，因为理想被放逐，是一件特别光荣的事。既然不能当官为百姓办事，那就向自己的偶像

世界风云

维吉尔那样，创作一首诗歌，批判他看到的一切黑暗与罪恶。

他写啊写啊，写了十多年，终于写出一部很长很长的诗——《神曲》。《神曲》由一百首诗组成，分为《地狱》《炼狱》《天堂》三部分。

诗中讲的是，但丁在森林里迷了路，遇见了豹子、狮子和狼。正当他绝望的时候，一个白衣人拯救了他。这个人就是他的偶像维吉尔。维吉尔带着他游历了地狱、炼狱以及天堂，见到了很多名人。

这些名人，不管是在世的，还是已经过世的，凡是作恶多端、劣迹累累的，都进了地狱；凡是正直善良、勤劳勇敢的，都进了天堂。有意思的是，他在地狱里给教皇留了个位置，这可把教皇给气坏了。

不用说，《神曲》一经发表，就轰动了整个欧洲，但丁也因此名扬四海。

这时，佛罗伦萨来人告诉他，只要他肯承认自己犯下的错误，愿意游街一周，就可以让他回国。

但丁回信说："如果是以损害我的名誉为代价，那么，我决不再踏上佛罗伦萨的土地！"

从此，但丁再也没有回过家乡……

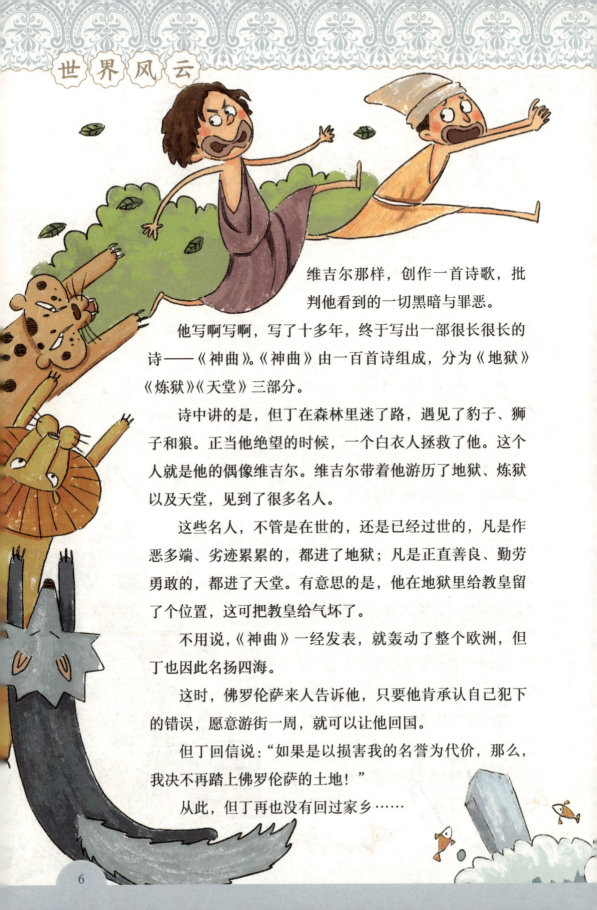

世界风云

一个很会讲故事的人

但丁有一位老乡,也是个作家,叫薄伽丘。

薄伽丘从小也没了母亲,父亲后来也娶了一个新妻子。继母不是个善茬,对薄伽丘不是打,就是骂。父亲是个商人,眼里只有钱,他希望儿子将来能够子承父业。

可薄伽丘不喜欢做买卖,一有钱就买书,买的书比卖的货还多,气得父亲直骂他是败家子。

薄伽丘上大学后,认识了大诗人彼特拉克。两人一见如故,很快成为好朋友。彼特拉克写的诗又新鲜又有趣,每到一个城市,都会有很多粉丝跑去迎接,人气很旺。

在这位朋友的影响下,薄伽丘写出了许多脍炙人口的散文和小说,很快成了当地的"大红人"。

世界风云

当地女王被他的才华折服，邀请他到王宫做客。薄伽丘给女王讲了很多奇妙的故事，逗得女王哈哈大笑。

1348年，欧洲发生了一场超级大灾难，也就是"黑死病"。几乎每个城市，每一天，甚至每一小时，都有大批大批的尸体运到城外。有的人早上还好好地和亲人一起吃饭，到了晚饭时，就不行了。人们每天哭丧着脸祈祷，却一点儿用都没有。

薄伽丘于是决定，用给女王讲的故事为原型，写一本好玩的书，让大家都快乐起来。

这本书讲的是，因为"黑死病"，有10个青年男女躲到了乡下。为了消磨时间，他们约定，每人每天讲一个动听的故事。就这样，10个人10天里讲了100个故事，也就是《十日谈》，因为以人为主角，又叫做《人曲》。

薄伽丘很会讲故事，每一个故事都写得很欢乐。可教会却认为，人生来是要赎罪的，应该苦修，每天笑嘻嘻的，像什么话！另外，这本书把教皇说成流氓无赖。因此，教会的人对薄伽丘很不满意。但人们很喜欢这本书，一看到它，就忘记了眼前的烦恼。医生们甚至说，这本书比灵丹妙药还管用呢！

（注：但丁、彼特拉克和薄伽丘并称为"文艺复兴前三杰"。）

封不起来的圆顶

佛罗伦萨人钱多到没处花,就想造一座大大的教堂,向全世界显摆显摆。但是盖了没多久,工人们都停了下来。原来,他们发现:教堂造得太大了,顶好像封不起来。

这一停,就是五十多年。

总这么搁着也不是办法。1418年,市政厅决定进行一场比赛,要是谁能封上这个圆顶,就把修教堂的肥差交给谁。

参加比赛的人提了很多方案,都被一一否决。最后,一个叫布鲁内莱斯基的人赢得了比赛。这位建筑师自信地说,他不但能把这个顶封起来,还可以节省许多材料。

可是,市政厅还是不放心,又请来雕塑家吉贝尔蒂帮忙,这让布鲁内莱斯基很不高兴。

原来,很久以前,这座教堂为了设计两扇大门,也搞过一次比赛。最后,只有布鲁内莱斯基和吉贝尔蒂的作品不分伯仲,进

世界风云

入了决赛。结果,吉贝尔蒂的作品被选上了。

布鲁内莱斯基一气之下,雕刻也不干了,跑去罗马当了一名建筑师。

如今,市政厅又让他们搅和在一起,吉贝尔蒂虽然优秀,却对圆顶设计一窍不通。布鲁内莱斯基不想跟他合作,装病躲在家里。布鲁内莱斯基躲了多久,工人就停工了多久。

市政厅没办法,只好解雇了吉贝尔蒂,留下布鲁内莱斯基一人负责。布鲁内莱斯基开足马力加油干,终于在1425年,成功地封上了这个顶,而且建得很稳,很牢固。

虽然很多人酸溜溜地说,这个圆顶好不了多久,甚至搬出了"论圆顶崩塌"的N个理由,但实际上,过了很多年,这个顶还顽强地杵在那儿。

到底布鲁内莱斯基是用什么办法建好这个圆顶的呢?

哎,没有一个人知道!

值得一提的是,吉贝尔蒂在这期间也没闲着,花了二十七年,为教堂做了一对门。这对门全部由黄金打造,精美绝伦。

据说米开朗基罗见了,惊叹不已,说:"这简直可以叫做'天堂之门'啊!"

从那以后,"天堂之门"举世闻名。

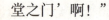

小鱼说什么

但丁年老的时候,住在拉文纳附近的一个小国。这个小国和威尼斯的关系不太好。有一年,但丁主动请命出使威尼斯,想改善一下两国的关系。

为了欢迎各地大使,威尼斯的行政官举办了一次宴会。

因为看不起这个小国,招待其他使者的是一条条大鱼,招待但丁的,却是几条小鱼。

但丁什么也没说,用手把盘子里的小鱼一条条拎起来,凑到自己的耳朵边,好像在听什么,一边听一边点头,然后再一条条放入盘中。

行政官见了,很奇怪,问:"请问,您在做什么呢?"

但丁说:"几年前,我的一位朋友过世了,用的是海葬,我就问问这些小鱼,看它们是不是知道我这个朋友,在海底是否安好?"

行政官问:"那小鱼说什么呢?"

但丁说:"它们对我说,它们都还很小,不知道过去的事情,让我向同桌的大鱼们打听一下。"

行政官听了,忍不住哈哈大笑,马上吩咐人给但丁端上了一条最大的煎鱼。

可惜,但丁在威尼斯染上重病,回家后没多久就去世了。

奇幻漂流

美食和旅行也有错吗

编辑老师：

您好！不怕您笑话，我是个大吃货，我最喜欢的事情，就是品尝各种美食。另外，我还喜欢旅行，过几天，我准备去阿尔卑斯山观光。

可是，昨天我经过市中心的广场，听见一名教士在演讲。他说，吃东西一点儿也不光彩，人们应该节食。还说，山川湖海都是魔鬼的化身，会把人们引向歧途。您说，教士的话对不对呢？

一名来自佛罗伦萨的青年 托尼

亲爱的托尼：

你好！我们每一个人，甚至每一个动物，饿了想吃东西，渴了想喝水，这是很正常的需要，有什么不光彩的呢？还有，大自然优美的风光，可以陶冶我们的情操，开阔我们的视野，旅行又怎么会是坏事呢？

恕我直言，教士们总是这也不让干，那也不让干，满口大道理，仿佛全世界只有他们才是对的。事实上，他们叫别人苦修，自己却有田有地有庄园，要是老百姓找他们借钱，他们还要收高利息！唉，这样的教会，有必要听吗？

最近，你们意大利正在搞文艺复兴，反对的就是这些旧思想，你可以多读点新书，了解一下。总之，热爱美食和旅行，完全没问题！去勇敢地追求吧！

名人来了

特约嘉宾
乔托
（简称"乔"）

越越
（简称"越"）

嘉宾简介：乔托，一位杰出的画家，有"欧洲绘画之父"的美誉。他用"透视"的方法，让画布上的平面人物，多了立体感，看起来就像活了一样。就连大诗人但丁、大作家薄伽丘，都是他的粉丝呢！

越：乔托先生您好，感谢您接受我的采访！

乔：你好，来我们意大利做采访，感觉怎么样啊？

越：感觉好极了，比萨饼好吃，意大利面也好吃呢！

乔：哈哈，小吃货！

越：嘻嘻，让您见笑了。乔托先生，您现在是大画家，名利双收，风光无限，但听说您小时候，是个贫苦的放羊娃？

乔：唉，那时候家里穷啊，我老爹身体又不好，我只能去放羊了。放羊的时候没事做，就用树枝在地上画画。有一天，就遇见一个大画家，他觉得我有画画天赋，就说服我父亲，把我带到城市里来学画画了。

越：运气不错，遇见贵人了。

乔：是啊，老师对我有知遇之恩啊！不过，我那时年纪小，不懂事，经常搞恶作剧，没少惹他老人家生气。有一次，趁老师不在，我在他未完成的画作上画了一只苍蝇。老师回来后，以为那只苍蝇是真的，就挥手去赶它，可是怎么也赶不走，哈哈！

越：哈哈，您可真够调皮的！

乔：是啊。不过，我老师倒没有真生气，他发现真相后，假装骂了我一顿，然后点点头，夸我画得确实太像了！

越：我仔细观赏过您的画作，您的画法好超前呀！这么早就把透视法的原理引入到绘画里面了，可真是天才呢！

名人来了

乔：过奖过奖！这可能跟我是个建筑师有关吧！做建筑，通常要符合自然规律，要真实、立体、科学。而画画则不同，画布是一个平面，是二维的，要想让二维的画面，表现出三维立体的视觉效果，就得用透视法，才能更真实、更立体，也更自然。

越：而且，我发现您还给画中的人物加了"表情包"！以前的画没表情，总像在跟谁生气似的。

乔：这也被你发现了？因为大家画的是神，要庄严，有表情就LOW（意为太土了、太垃圾了）了！但我觉得我画的是人，人是应该有喜怒哀乐，有表情的！

越：是啊，您的画看了让人觉得很亲切，很贴近生活。

乔：对，我希望大家把注意力放到"人"上面来，而不是"神"上面！

越：了不起，怪不得您能和大诗人但丁成为好朋友呢！

乔：他喜欢我的画，我喜欢他的诗，大家志趣相投，惺惺相惜，这样的友谊是很难得的。

越：（感慨）大师之间的友谊，让我辈悠然神往啊！对了，刚刚您说您不光画画，还是建筑师？

乔：对，像我们这样的画工，通常还会干点别的活儿，比如建建房子，做做雕塑什么的。

越：多才多艺啊！

乔：（一拍脑门）哎哟，一说建筑师，可提醒我了，我还要去给圣母百花大教堂设计一座大钟楼，还得赶时间呢！小记者，今天的采访就先到这里吧！

越：好的，那不耽误您时间了，再见，尊敬的乔托先生！

广告贴吧

大画家招学徒

大画家招学徒啦！要求：热爱绘画，吃苦耐劳，聪明有灵性。学习期限：12年。学习期间，负责给画家洗衣、做饭、打扫房间。

著名画家契马部埃画室

只选一个教皇

前些年（指1377年），教会因为意大利地区太不安分，特意从阿维尼翁迁回罗马，没想到此后出现了三个教皇（史称西方教会大分裂），给人落下笑柄。这一次，请大家选出一位教皇就好！记住，只选一位！不要让这场荒唐闹剧继续下去了！

德国康斯坦茨会议组委会

欢迎大家来到佛罗伦萨共和国

欢迎大家来到佛罗伦萨共和国！为保护各行各业的权益，我们成立了七大行会，分别是：羊毛商、丝绸商、毛皮商、呢绒手工工场主、银行家、律师以及医生。另有铁匠、鞋匠、泥瓦匠等14个小行会。每个行会都会选出代表来参加城市的管理工作，请大家放心地在我们共和国经商、生活。

佛罗伦萨共和国

第 2 期

【1415 年—1480 年】

航海急先锋

穿越必读

经过黑暗的中世纪,欧洲终于慢慢地迎来光明。在亨利王子的带领下,葡萄牙第一个迈出欧洲,走向未知的海洋世界。一个伟大的航海时代就此拉开序幕……

走,一起去东方吧
——来自欧洲的快讯

(本报讯)你最想去的地方是哪里呢?希腊、意大利,还是英格兰、法兰西?

最近,欧洲人最想去的地方是东方。为什么呢?

说起来,这跟一本书有关。还记得《马可·波罗游记》吗?在这本书里,马可·波罗把东方夸得比天堂还要好——

"哇,地上铺的都是黄金呢!"

"哇,山上长的都是香料啊!"

……

啊,世上还有这样的地方吗?看了这本书,整个欧洲都沸腾了!

要知道,黄金可是好东西啊,欧洲人现在到处做买卖,缺的就是它!还有香料,要是没有香料,食物就会腐败变坏,饭都吃不好。可是,整个欧洲并没有这么多的黄金,也不产香料,怎么办?

"嗨,走,一起去东方吧!"

就这样,人们纷纷收拾行囊,成群结伴地出发了……

来自欧洲的快讯

自由广场

哪一条路最好走

兄弟们,这东方咱们也不了解,别太心急,先了解看看。听说从咱们这边出发,有三条路线,有谁知道具体是怎么走的吗?

西班牙商人

佛罗伦萨商人

我知道一条,先去小亚细亚(又称安纳托利亚,位于土耳其境内),过了黑海和里海,到了中亚,再翻越一座高原,就到东方啦。但这条路有土耳其人挡着,很危险,而且太远,马可·波罗走了好几年才到,不合适。

那还有两条从地中海出发的路线,一条穿过两河流域、波斯湾;另一条穿过埃及、红海,最后都要再走一段海路,才能到达东方。

法兰西商人

佛罗伦萨商人

后面两条路也不好走,地中海被威尼斯和热那亚人控制,红海以东是阿拉伯人的地盘,都不是好惹的主。这东方的东西,让阿拉伯人一卖,价格会高八到十倍。再过一下威尼斯人和热那亚人的手,价格更高。他们会让我们轻易过去吗?想得美呢!

我们会造船,又有地图和航海图。没有太阳和星星的时候,可以用指南针辨别方向,用星盘找到海的位置,去很远的地方航行也没问题。现在我们还有火枪和大炮,为什么不自己开辟条路呢?

葡萄牙商人

没有出过一次海的航海家

你们知道葡萄牙吗?葡萄牙原本是西班牙的一部分,阿拉伯人占领西班牙后的几百年,西班牙的基督徒一直在和阿拉伯人作战。打着打着,葡萄牙就脱离西班牙,建立了一个独立的国家。

葡萄牙有个王子叫亨利,也想去东方看一看。可葡萄牙又穷又小,既没有先进的船只,又没有优秀的航海人才,别说远航了,出海多行几步,都有可能被淹死。国王头脑正常,当然不会答应。

亨利于是离开王宫,来到海边的一个小镇上,创办了一所航海学校。

他亲自担任校长,用重金从国外挖来了最有经验的船长、水手和旅行家,以及最知名的科学家,专门为他培养航海人才。老师和学生们一起生活,一起学习。没几年,造出了一种新型的多桅三角帆船,这种船体型小,吃水浅,可以逆风行驶,很适合远航。

这时,亨利王子向国王提出,要出去航海。他说:"如果不去真正的大海上航行,培养这些学员又有什么用呢?"

1418年,亨利选出一批最优秀的探险家和水手,组成一支船队,沿着非洲海岸一路南下,发现了好几座岛。

亨利尝到了甜头,十分兴奋,1434年又派出两支船队,向一个叫博哈多尔角的地方发起挑战。

传说,这里是世界的尽头,船只再往前走,就会掉进无底洞。

世界风云

若侥幸过去了,白人也会变成黑人。因此,博哈多尔角被人称作"死亡之角"。

船员们也不敢开过去,刚一靠近这个地方,就两腿发抖,再也走不动。亨利将船长狠狠地教训了一通,命令他再次出航。

船长眼一闭,心一横,鼓起勇气带着船员向前冲,一连冲锋了十几次,最终成功地驶过了博哈多尔角!他们不但没有掉到无底洞中去,变成黑人,还意外地发现了两个小岛。

从此,葡萄牙一发不可收拾,之后又成功地发现了"黄金海岸""象牙海岸",以及"胡椒海岸"——当然,这些海岸的名字都是他们起的,因为当地盛产这些宝贝。

每到一处,他们就竖起一个标杆,表示这里是葡萄牙的地盘,其他国家的人,不能随便踏入这里。

这些崭新的航海发现,震惊了整个欧洲。虽然亨利从未亲自参加过一次远航,但人们还是把他称为"航海家亨利"。

世界风云

发现好望角，
好运即将到来

　　1487年8月的一天，在葡萄牙的里斯本港口，一支新的探险船队又要扬帆出海了！

　　这一次，船队的任务是绕过非洲，找到去往印度的航线。国王许诺说，如果能够完成任务，每个船员将会获得一百两黄金。船员们十分兴奋。

　　一开始，一切非常顺利，船队沿着以前的路线，一路南行，很快到达非洲中部一带。

　　可是，再往南走，是他们从未去过的海面。一天过去了，两天过去了，十天过去了……蓝色的大海无边无际，好像没有尽头似的，连个陆地影子都看不着。

　　船员们开始着急了："船长，什么时候才能到达目的地啊？"

　　每一次，迪亚士的回答都是一样的："坚持，再坚持一下！马上就要到了！"

　　可是，"天有不测风云"，几天后，海面突然刮起大风，巨大的风浪差点把船队掀翻。慌乱中，船员们驾着小船，躲进一个岬（jiǎ）角，这才侥幸脱险。为了纪念这次死里逃生,迪亚士给这个岬角起名为"风暴角"。

过了十几天,风暴终于平息了。可是船被风浪吹得太远,找了很久,都没有找到海岸线。

迪亚士以为还没有到达非洲南岸,又下令改向南航行。走了很久,还是不见陆地的影子。"怎么回事呢?"迪亚士有点纳闷。

突然,迪亚士好像想到了什么,拍着大腿喊:"我知道了!过了那个岬角,已经绕过非洲的最南端,到了另一个大洋(即印度洋)!所以,越向东或者向南航行,反而离大陆越远。快,调转船头,向西前进!"

他的判断是对的。走了几天后,大家果然看到了久违的海岸线。大家兴奋地又笑又跳:"陆地!陆地!"

迪亚士也兴奋不已——再往前走,就是东方了!但船员们却不想再走了,他们强烈要求回家,带的粮食和日用品也所剩无几。迪亚士没办法,只好下令掉转船头,返回葡萄牙。

虽然没有找到印度,但到了非洲的最南端,也算不虚此行。

葡萄牙国王很高兴,又觉得"风暴角"这个名字不太吉利,于是把它改名为"好望角",希望它能给葡萄牙带来好运。

奇幻漂流

向东走，还是向西走

编辑老师：

　　您好。我叫迪亚士，我的祖父和父亲都是跟随亨利王子的航海家，我自己也很喜欢航海。

　　我们葡萄牙人认为，既然是到东方去，就要往东走，向着太阳升起的方向走。可有个叫哥伦布的水手，却跟我们国王说，如果地球是圆的，那么横渡大西洋，一直往西，也能到达东方。

　　这可真是个了不起的构想！我研究过了，横渡大西洋，与绕过非洲一样，都会到达同一目的地！只是，目前还没有人实施过这个想法。您觉得，国王会同意他的想法吗？

一个热爱航海的人　迪亚士

尊敬的迪亚士先生：

　　您好！很遗憾地告诉你，哥伦布的计划没有被国王采纳。国王已经偷偷地派人去西边看过了，那边除了水，就只有水。所以，他对您的非洲计划更感兴趣。毕竟，朝东走，怎么走，走什么航线，大家都清清楚楚。唯一的难处就是不知道非洲的最南端在哪里。

　　但能否横渡大西洋，却是一个大大的难题。前边是哪里呢？谁也不知道。为了稳妥起见，国王还是会选择支持您的，加油！

世上最高危的工作之一

提到航海，你首先想到的是什么呢？是大海，是沙滩？还是坐着小船看日出？哇，想想都是很浪漫的事情呢！

但实际上，在中世纪很多人都不喜欢航海，为什么呢？因为航海实在是太危险了！

首先，船只很小，小到顶多坐四五十个人。小孩在里面，还勉强可以站着。换作大人，就只能弯着腰了。

这么小的船，厨房当然也大不到哪儿去，设备也极其简陋，做出来的食物常常半生不熟，难以下咽。船员们要喝的淡水，用木桶装着，时间一长，就会发臭，桶里长满黏糊糊的东西，喝起来有一股铁锈、烂木头的味儿，恶心得要命。

若是常年出海，船上没有蔬菜吃，船员还很容易得病，尤其是坏血病（维生素 C 缺乏症）。这种病会破坏人的血液系统，导致消化道和皮下出血，严重的还会夺走人的性命。

在这样恶劣的环境下，船员一出海，十有七八都是"肉包子打狗——有去无回"。要是遇上海难，死亡率几乎是百分之百。

所以，在大家心目中，航海是目前高危系数排名第一的事情，贵族们不想碰，老百姓也是一脸嫌弃。只有一些穷得只剩裤衩的贫民，或者是流氓、小偷和罪犯，因为实在无处可去，才会去当船员。

那么，亨利身为王子，为什么要自找苦吃呢？

——哎，只能说，他不是一班（般）人，是二班的了。

名人来了

特约嘉宾

亨利
（简称"亨"）

越越
（简称"越"）

嘉宾简介：葡萄牙王子，大航海时代的开拓者。为了把葡萄牙变强大，他把自己的一生献给了伟大的航海事业。虽然他没有出过一次海，但在人们的心目中，他是当之无愧的"航海家"。

越：亨利殿下，您好。请问您是什么时候想去航海的呢？

亨：很小的时候。我们葡萄牙地方小，人口少，又背山靠海，只有海洋才是我们的出路。

越：我也觉得你们适合走航海路线。俗话说，"靠山吃山，靠水吃水"，葡萄牙靠海，当然要吃海啦。

亨：嗯，而且我想把基督教带到任何一个未知的地方去，给大家带去福音。

越：听说您在寻找"约翰王"？

亨：是的！约翰王统治着非洲中间大部分地区，也是一个基督教徒，如果与他联手，可以共同对抗伊斯兰教徒。

越：我都没听说过，会不会是假的？

亨：不会，我相信他一定存在。

越：也许，可能，大概吧。既然您志在找到约翰王，为何船员们带回来的却是黑人呢？

亨：黑人身体健康，不容易生病，还能做一些粗重的累活、脏活，是上帝赐给我们的礼物和财富。

越：呃……您不觉得把黑人当奴隶使唤，很不人道吗？

亨：我也曾经三令五申，要船员们和当地的土著人和平共处，即使要统治那里的人们，也不要使用武力。但船员们一旦出了海，离开我的控制范围，我也没有办法。而且他们压力很大，我也能理解。

越：压力大？什么压力？

名人来了

亨：唉，这些年，他们既没看到黄金，也没发现香料，国内意见很大，说航海纯粹是浪费人力、物力和财力。所以他们才带了些黑人回来，没想到大家觉得黑人很有用，居然争相购买。

越：所以，你们靠着这个，开始发财了。

亨：我们的船员们受了这么多苦，挣点小钱，难道不应该吗？

越：小钱？我听说现在这是葡萄牙最能挣钱的行业了，光您那边的抽成就有四分之一。

亨：我没有结婚，也没有后代，天天待在这航海学校，得了钱，能干什么？还不是投在航海上面？你看我这样子，像大款吗？

越：……不像，您穿得还不如我……

亨：钱财都是身外之物，在我的眼里，只有上帝和航海！

越：有理想、有抱负！向您致敬！

亨：过奖啦，真正值得致敬的，是我的船员们！他们才是真正的勇士！

越：怎么说？

亨：他们驾着漏水的破船，吃着发霉的食物，甚至蛆虫、老鼠，喝着变质的臭水，为了航海事业，远离家园，远离父母和妻儿，难道不值得我们尊敬吗？

越：他们不是很多都是流氓、小偷，甚至是犯人吗？

亨：但他们也是世界上最勇敢的人！没有他们，就没有葡萄牙的今天！我们葡萄牙人将永远记得他们的功绩！

越：嗯，说得没错，让我们一起向"勇士们"致敬！

广告贴吧

提供免费木材

凡是能建造100吨以上船只的造船商，均可获得皇家森林的友情赞助——所需木材全部免费供应。若其他材料需要从其他国家进口，还可免税。有需要的请尽快到我处递交相关资料。

葡萄牙皇家森林管理处

航海学校招生了

本航海学校由亨利王子亲手创办，凡年满15岁以上，20岁以下的男孩，只要喜欢探险，有航海天赋，都可以到这个学校来读书。无论是现在，还是将来，我们将和你一起，同舟共济！

恩里克航海学校

成功发现"佛得角"

近日，我们在非洲大陆最西边的海角，发现了一处无人居住的群岛。现决定将这片海角命名为"佛得角"（"绿色角"的意思）。从今以后，这里是我们葡萄牙的地盘，任何人不得侵犯！

葡萄牙航海家 迪亚士

第 3 期

【1492年—1506年】

哥伦布发现新大陆

穿越必读

西班牙资助哥伦布横渡大西洋，结果发现新大陆，开辟了一条从欧洲通往美洲的新航路。从此，一场世纪性的大规模航海活动开始了！历史上把这个时期叫做发现时代，也叫大航海时代。

顺风快讯

西班牙人也出海了
——来自西班牙的快讯

来自西班牙的快讯

（本报讯）公元1492年8月3日，西班牙的巴罗斯港港口人声鼎沸，热闹非凡。原来，西班牙人见葡萄牙人发了财，眼红，也派了一支船队去探险。

出发前，西班牙女王与船长签订了一个合同——若发现一片新的土地，就任命船长为该地的总督；而在远航中获得的财富，90%归西班牙王室所有，10%奖励给船长个人。

这位船长叫哥伦布，原本是个穷人，因为这个光荣的使命，被破格提升为海军上将，吃上了皇粮。

同时出发的，还有八九十名船员，大部分是刚从牢房里放出来的罪犯。他们说，与其坐在牢里等死，还不如去外面探险。哥伦布还带上了西班牙国王写给中国皇帝的国书。

在轰隆隆的礼炮声中，人们欢呼着，把船员们送上了小船。它们扬起风帆，离开港口，向着未知的大西洋出发了……

这些船看起来很小，好像一个浪头打来，就能把它们掀翻。前面等待他们的是什么呢？

"疯子"哥伦布的"伟大创想"

你知道热那亚（位于意大利北部）吗？马可·波罗曾经在那里坐过牢，有一大批忠实的粉丝。

其中有一个小男孩，特别喜欢看《马可·波罗游记》，对书里的世界向往不已。长大后，他当了一名水手，去了很多地方，就是没去过东方。

他做梦也想去东方，但他的想法和葡萄牙人不一样。葡萄牙人认为，去东方，要往东走，他却认为，往西走，横渡大西洋，也能到达东方，而且路途更短，可以节约很多时间。

没错，这个人就是哥伦布。

哥伦布有想法、有技术，一心想弄条船做实验，可是他太穷了，连买船的钱都没有。于是，他一连跑了好几个国家，希望找个赞助人，能够出钱资助他。

绝密档案

他跑啊跑啊，跑了十几年，却没有一个人相信他。

有的人说，向西出发，怎么可能到达东边呢？

有的人说，要是地球是圆的，那么有一段路，肯定是从下往上爬坡，帆船怎么爬上去呢？

还有的人说他活得不耐烦了——大西洋常年巨浪滔天，浓雾弥漫。几乎所有船开到那里，都无人生还，好像海里住着妖魔鬼怪一般。哎，走这么一条路，不是找死吗？

但哥伦布没有灰心，又去拜访葡萄牙的邻居——西班牙。巧的是，西班牙这时正忙着打仗呢——打仗可是最花钱的事儿，也同样拒绝了他。

到了公元1492年1月，西班牙终于实现了统一，由国王和他的妻子伊莎贝拉共同执政。

女王一心想干大事，听完哥伦布的想法和计划，当即表示很感兴趣。

在女王的帮助下，哥伦布筹集了一笔巨款，用来当所有船员的生活费，还买了三条小船。据说为了凑这些钱，女王卖掉了自己所有的首饰和珠宝。

就这样，"疯子"哥伦布终于如愿以偿。他的"伟大创想"会实现吗？

世 界 风 云

歪打正着,哥伦布发现新大陆

一个多月过去了,哥伦布的船队怎么样了?他们找到东方了吗?

很遗憾地告诉大家,船只每天在不断地往西航行,看到的,除了水,还是水……

船员们开始着急了。

"不要再走了!再走也看不到什么!"

"这条路线上根本就没有什么印度!"

"求您了,让我们回家吧!"

但哥伦布还是坚信,只要往西走,准错不了。船员们气得发疯,差点儿要把哥伦布丢到海里喂鱼。哥伦布没办法,只好答应大家,如果过几天还是看不到陆地,就把船开回去。

一天过去了,两天过去了,三天过去了……一切还是外甥打灯笼——照旧(舅)。

就在所有人——除了哥伦布——都已经绝望的时候,一天,有个水手突然指

世界风云

着海面大喊:"看,那是什么?"

大家往海里一看——咦,水上漂着一段树枝——这不稀奇,稀奇的是,树枝上居然长着浆果!

这浆果是从哪里来的呢?抬头一看,天上有鸟飞过。太好了!有鸟的地方,肯定有大陆!因为鸟从来不会飞得离岸边太远!

大家兴奋得像发了疯,再次燃起斗志,继续前行。

航行了整整两个多月后,在一个漆黑的夜晚,突然又有人大喊:"看,陆地!"

啊,远处有火光在闪!小小的火光,给大家带来了巨大的喜悦。有火光,就有人;有人,就有陆地;有陆地,就有希望!

"我们到达东方了!"大家欢呼着,拥抱在一起,激动地登上这座小岛。

岛上的人看到他们,大吃一惊——他们从没看到过金发碧眼,还穿着衣服的白人!哥伦布看到他们,也同样惊讶——岛上的人都不穿衣服,红红的脸上涂着油彩,头发上插着羽毛,鼻孔上穿着金环!

世界风云

哥伦布心想，这应该就是印度了！于是把这些小岛叫做"西印度群岛"，把岛上的人称为印第安人（即印度人，还有的人把他们叫做"加勒比人"，把围绕这群岛屿的海叫做"加勒比海"）。

印第安人十分热情，把他们当朋友一样招待，还用黄金小饰品、鹦鹉等，和哥伦布他们交换一些不值钱的玻璃珠子和扑克牌。有的人没见过刀剑，一把抓住剑刃，结果伤了手指。

哥伦布在岛上找片空地，插上西班牙的国旗，表示这块土地属于西班牙。遗憾的是，在这个新发现的土地上，他们只找到一点点小金块。

这里是遍地黄金的东方吗？哥伦布觉得有点不对劲，带着船员们又继续向西航行，到了另外一个岛（今古巴）。他以为这是中国最穷的地方，再往前走走就是中国了。

他还想继续走下去，可是，他们出来得太久了，有一只船还不幸触礁沉没，船员们归心似箭，哥伦布只好留下四十多人，带着剩下的人和几个印第安人回国了。

（注：事实上，哥伦布到达的是美洲的一个小岛。后来，这事被一个叫亚美利哥的人发现了，因此，这个地方就以他的名字命名，叫做美洲。而印第安人这个错误的称呼，一直用到现在。）

谁能把鸡蛋竖起来

"哥伦布回来啦！哥伦布找到东方啦！"

哥伦布回到西班牙，很多人都跑去迎接他。女王两口子把他当作上宾，为他举行了一次又一次庆功宴。一夜之间，哥伦布成为整个西班牙的偶像。

有些人看了眼红，想把哥伦布赶出西班牙，取而代之。

在一次宴会上，有几个人就当着他的面，故意大声议论说："哎，这有什么了不起的？他不过是一直向西，向西，然后发现了陆地而已，这事没什么了不起！"

"对哦，只要有船，谁都能做得到！"

哥伦布听了，没有生气，也没有辩解。他随手从桌上拿了一只熟鸡蛋，对大家说："请问，你们谁能把鸡蛋立在桌子上呢？"

"这有什么难的？"有人立马把鸡蛋接了过去，试图把鸡蛋竖起来，竖了好几次，都没有成功。

之后，鸡蛋从一个人手中，传到另一个人手中。大家试了一次又一次，却还是没人能把它立起来。

"这分明是不可能做

世界风云

到的事!"大家嚷嚷着。

这时,哥伦布笑了。他拿起那只鸡蛋,在桌子上轻轻地敲了一下,蛋壳破了一点。然后,他轻轻地将鸡蛋一竖,鸡蛋立在了桌面上。

这时,又有人说:"这谁不会?三岁的毛孩子都会!"

哥伦布笑了笑说:"问题就在这里。知道怎么做了,事情就会变得简单。但做之前,谁都不知道怎么做。航海也是这样,我先做过一次,告诉你们是怎么做的,你们当然就会跟着做了。"

有个大文豪(指巴尔扎克)曾经说过:世界上第一个用鲜花比喻美女的,是天才,第二个用鲜花比喻美女的,是庸才,第三个,则是蠢材了。

毫无疑问,哥伦布就是那个天才!

(注:之后,哥伦布不甘心,又沿着这条航线航行了三次,最后一次还到达了南美洲。但他始终相信,自己到达的地方是东方。)

自由广场

新发现的地方归谁

葡萄牙某贵族

教皇早就说了,所有新发现的非基督教的领地,都归葡萄牙所有。那哥伦布装了一船的西班牙国旗到处乱插,我们坚决表示反对!

反对无效!又不是只有你们葡萄牙有新发现,我们也有新发现啊!教皇之前的做法不公平,我们决不承认!

西班牙某贵族

某教士

别争了!教皇已经在地图上划了一条分界线(史称教皇子午线),从今以后,分界线的西边(除巴西外)归西班牙,东边归葡萄牙。

什么?你的意思是,这"两颗牙"像切西瓜似的,把整个世界都瓜分了?凭什么啊?这个世界难道是属于他们两个国家的,他们想怎么分就怎么分吗?真是笑话!

法兰西某贵族

奇幻漂流

英雄永远不会死

编辑老师：

　　您好！我是哥伦布。从"印度"回来后，人们都把我当偶像。他们以为那边有很多黄金，一窝蜂跑了去。可黄金哪那么容易找到呢？慢慢地，西班牙人对我的航行也就没了兴趣。

　　有的小人嫉妒我，跑到国王面前说我坏话。国王听信他们的谗言，撤销了我的"总督"职务，换了西班牙自己的人来当，还把我像狗一样，赶出了西班牙。

　　想想真是可笑，我哥伦布一生，与天斗，与海斗，见过最大的浪，怼过最强的风，结果却败在"人"的手里！

　　现在，我的身边一无所有，没有钱，也没有朋友。也许，多年以后，人们就会把我当作一阵风，忘记了吧……

哥伦布

哥伦布先生：

　　您好！我写过很多故事，也认识很多名人。但在这些故事、这些人里面，不管是国王，还是将军，没有一个人能和您相比。比如亚历山大大帝、恺撒大帝、查理曼大帝，他们伟大吗？不，他们杀人无数，只会强取豪夺。

　　但您呢，您带给大家的是一个新天地，一片新大陆。以前人们常说海的尽头是个无底洞。您让大家相信，走再远，也不会掉出地球。无数人开始向您学习，沿着您的方向继续前行。

　　您遭受了这么多的挫折，却仍然坚持理想，不抛弃，不放弃，是一个真正的英雄！真正的英雄是不会死的，他将永远活在人们的心中！

名人来了

特约嘉宾
哥伦布
（简称"哥"）

越越
（简称"越"）

嘉宾简介：人类有史以来最出色的航海家之一。他一生中进行了四次远航，最伟大的成就是发现了美洲新大陆。虽然他不是第一个到达美洲的欧洲探险家，但他的航海带来了欧洲人与美洲人的第一次亲密接触，开辟了一个新时代。

越：船长先生，您好，祝贺您发现了新大陆！请问这个新大陆叫什么名字？

哥：还没有名字——等等，小记者，这里不是印度吗？

越：你们要去的不是中国吗？怎么变成印度了？

哥：东方就是印度啊，中国和日本只是印度的一部分而已，大家都这么说。

越：我晕，中国是中国，印度是印度！你们这地理怎么学的？

哥：难道我搞错了？我来之前，还跟一个著名的地理学家写信请教过啊！

越：看来这个专家误导了您！

哥：怎么会？他可是这方面的权威！

越：权威也有犯错的时候。

哥：……你还没有回答我的问题，这里是马可·波罗去过的东方吗？黄金呢？香料呢？

越：船长先生，您发现的既不是中国，也不是印度，而是一块新大陆。这个地方，离印度、中国还远着呢！

哥：（绝望）不可能！我们航行了这么久！

越：（两手一摊）您不相信也没办法。

哥：哼，你可别想忽悠我！现在这里是西班牙的地盘，我是这里的总督！要是你还跟别人乱说，我叫你吃不了兜着走！

越：别……我不说了行吗？

哥：（满意）这还差不多。

越：船长先生，为什么你们每发现一块土地，就说是你

名人来了

们的呢？在你们到达之前，这里明明已经有人居住了啊！

哥：他们不是基督徒，没有权力拥有那块土地！

越：晕，这是哪来的逻辑！世界上又不是只有基督徒。

哥：所以我们才要出海远航，去世界各地传播福音。这是上帝赋予我们的使命！

越：上帝让你们去霸占别人的地盘？

哥：什么霸占？我是第一个到达这里的基督徒，这是上帝赐给我们的土地！

越：第一个到达这里的欧洲人可不是您。

哥：噢，还有谁比我先到吗？谁？

越：一个诺曼海盗，五个世纪前就来过了。按照您的理论，这里应该是诺曼人的吧？

哥：空口白牙，有证据吗？我可是实实在在地把西班牙国旗插在了岛上！

越：……那原本住在这里的印第安人，你们准备怎么处理？

哥：他们很听话，只要他们认我这个总督，好说，好说。

越：唉，您可能还不知道吧，您给印第安人带去的，是毁灭性的灾难！

哥：这里什么宝贝都没有，有什么值得毁灭的？

越：……

哥：唉，小记者，到底哪里才能找到黄金啊？这什么都没有找到，我很难向女王交差啊！

越：天啊，您现在发现的可是新大陆，新大陆！这个地方欧洲人不但没有听过，也没见过，不比您找一千两、一万两黄金更有价值吗？

哥：胡说，黄金才是这个世界上最珍贵的东西！有黄金就有一切！没有黄金，就算给我一百个这样的大陆，也没用！

越：……我无话可说了。这次采访就到这里吧。

（注：本次采访于哥伦布到达新大陆时。）

广告贴吧

📖 新大陆说明会

　　本人通过四次航行，以巨大的人力和财力为代价，证实了一个轰动天下的大事实，那就是，哥伦布发现的新土地，不是印度，而是一个欧洲人不知道的大陆。想知道哥伦布的判断错在哪里吗？本人将于三天后召开一次新大陆的说明会，欢迎大家前来参加。

航海家　亚美利哥

⚖ 出售印第安神草

　　这是来自"印度"（实际是古巴）的"神草"（实际是烟草）！只要把它的叶子在太阳下晒干，揉成碎末，放在一个小管子里，点上火，再用力吸一下，就能产生美妙的感觉。一旦你用了，这一辈子都舍不下它！

　　还等什么呢？本船队存量有限，先到先得哟。

哥伦布船队

⚓ 请大家一起作证

　　船员们，我们已经如愿抵达东方，脚下这块土地是东方的一部分。为了向女王汇报这个好消息，我会准备一份确认文书，如果大家不想挨100鞭，请签上你的大名。准不签，我将割掉他的舌头，让他永远说不出话来！

哥伦布

智者为王 第 1 关

1. 但丁的代表作是什么？
2. "欧洲绘画之父"是谁？
3. 《人曲》是指什么作品？
4. 文艺复兴前三杰是指哪三个人？
5. 意大利画家的学徒一般要学多少年？
6. 葡萄牙原本是哪个国家的一部分？
7. 好望角最初的名字叫什么？
8. 没有出过一次海的大"航海家"是谁？
9. 亨利航海是想寻找哪个人？
10. 哥伦布是由哪个国家赞助出海的？
11. 哥伦布是西班牙人吗？
12. 哥伦布发现的新大陆是印度吗？
13. 来自"印度"的"神草"是什么植物？
14. 西印度群岛在印度吗？
15. 印第安人指的是印度人吗？

智者**无敌** 王者**为大**

第 4 期
【1495 年—1522 年】
找到香料的人

穿越必读

哥伦布发现新大陆后，达·伽马率领船队绕过非洲好望角，开辟了一条由欧洲到达东方的新航路。西班牙人也不甘示弱，开始人类第一次环球航行。史诗般的远航，将大西洋、印度洋以及太平洋连在了一起。

顺风快讯

葡萄牙人又要出海了
——来自葡萄牙首都里斯本的快讯

来自葡萄牙首都里斯本的快讯

（本报讯）自从哥伦布发现了新大陆，葡萄牙国王有点着急了，心想：得赶紧找到东方，不然让西班牙人抢先了，可不划算。

可是，航海实在太危险，很多大臣不愿意去。他们说，不是不敢去，而是没头没脑地，怎么去呢？

但国王不愿放弃，最后，一个叫达·伽马的人被选为舰队总指挥。达·伽马打过仗，出过海，航海经验也很丰富。

更重要的是，他还有个好朋友，叫迪亚士，对，就是之前发现好望角的著名航海家。

公元1495年的一天，船队要出发了。葡萄牙国王率领大臣们为达·伽马送行，还亲自把葡萄牙的国旗交到达·伽马手里，希望他们能够旗开得胜。

达·伽马接过国旗，也郑重表示，一定不会辜负国王的期望。

在达·伽马的率领下，这支由一百四十多名水手组成的船队，再次向着海洋出发了。

世界风云

达·伽马发现印度啦

比起西班牙人,葡萄牙人的运气好很多。

达·伽马的船队沿着好友迪亚士走过的航线,一路前行,四个月后,成功绕过好望角,进入印度洋。东非的一个国王听说他们要去印度,为他们安排了一个向导。

这位向导经验丰富,只用了二十多天,就把他们成功地带到印度西岸的卡利卡特王国(即古里,郑和首次下西洋时到达的地方)——这可是欧洲人第一次来到印度呢!

一上岸,他们就惊呆了!这里人来人往,热闹非凡,数不清的人在这儿做买卖,还有很多的阿拉伯人和中国人。

印度人听说他们要找香料和黄金,得意地说:"哎,我们这里有数不清的香料、宝石、丝绸呢!"

船员们听了,欣喜若狂——哈哈,找对地方了!

卡利卡特国王听说来了一批蓝眼睛、白皮肤的欧洲人,也十分好奇,请达·伽马去王宫做客。

达·伽马进了王宫,又一次惊呆了!宫里吃的穿的不用说,还到处装饰着红宝石和绿宝石,以及说不出名字的奇珍异宝。

世界风云

国王坐在金光闪闪的椅子上,问他:"你们跑这么远来到这里,是想做什么呢?"

"我们希望和贵国建立兄弟般的友谊。"达·伽马恭恭敬敬地说。国王看了葡萄牙国王的信,便允许他们住了下来。

达·伽马一行人在当地住了三个月,买了三个月的东西,什么香料啊,宝石啊,价格便宜得惊人。而他们带来的东西,都是些不值钱的羊毛织品和玻璃珠子,当地人压根看不上。

三个月过去后,船员们兴高采烈地把珠宝、香料以及土特产装满船舱,沿原路返航。

不幸的是,走到半路,海面突然刮起一阵大风,船在海里漂了一个多月,淡水用光了,又吃不到新鲜的食物,许多船员得了坏血病,死了一半以上。

而有幸活下来的人,则苦尽甘来,不但受到国王的隆重接见,得到很多赏赐,还把带回来的香料、宝石以高价卖出,赚了很多钱。达·伽马也一夜暴富,成了全国最富有的人。

葡萄牙本来很穷,很落后,有了这条航线,好比有了个提款机,摇身一变,成了欧洲巨富之一。

世界风云

麦哲伦要绕着地球兜一圈

假如有人告诉你，地球是一个巨大的球，如果你一直笔直地往前走，走到最后，会回到原来开始的地方，你信吗？

有个叫麦哲伦的葡萄牙人就坚信这一点，而且他还想亲自实践一下，绕着地球兜一圈！

可惜，葡萄牙人在东边混得好好的，不想再开辟新航线。倒是西班牙国王很感兴趣，给了他五艘大船，以及两百多名水手。

1519年9月，麦哲伦带着这支船队出发了。他和哥伦布一样，一直向西航行，直到美洲大陆挡在他们面前。

这时的南美洲还是冬天，风雪交加。船队无法航行，只好找个地方过冬，到了春暖花开的时候，才又重新出发。

船队沿着南美洲一路南下，希望能找到通向太平洋的海峡，却一直没有找到。最后，当他们几乎航行到南美洲的最南端时，终于发现了一个海峡。

这个海峡弯弯曲曲，时而宽，时而窄，像个迷宫似的。麦哲伦领着船队，迎着风浪，艰难地向前行驶。有一个船长贪生怕死，带着一艘船偷偷地溜回了西班牙。剩下的船足足摸索了一个

世界风云

月,才驶出海峡(为了表示纪念,后人把这条海峡命名为"麦哲伦海峡")。

这时,一片崭新的大洋出现在他们面前!新大洋风平浪静,温柔得像个淑女。船员们高兴得又唱又跳。一向冷静的麦哲伦也激动地掉下眼泪,为大洋起了一个吉利的名字,叫"太平洋"。

太平洋(地球上最大的海洋)实在是太大了,比大西洋还大。他们航行了九十多天,没有看到一丁点儿陆地。

这时,新的困难出现了——船上的淡水用光了,食物也吃完了。大家又渴又饿,只能吃木头,吃老鼠,甚至啃牛皮。船员们饿的饿死,病的病死,只有不到原来一半的人撑了下来。

他们会成功地到达终点吗?

世界风云

首次环球航行成功归来

公元1521年3月,麦哲伦的船队穿过太平洋,发现了一群岛屿。因为西班牙国王的儿子叫菲力,麦哲伦称它为"菲律宾群岛"。

岛上的居民虽然光着身子,却看起来特别有钱——身上的珠宝、项链、手镯以及戒指闪闪发光,就连脚上也丁零当啷地戴了一大串。乍一看像黄金,实际是把黄金和其他金属混在一起,做出来的。

热情的人们给他们送来许多水果,告诉他们,这边除了菲律宾,还有许多盛产香料的岛屿,人称"香料群岛"。欧洲人用的香料,就是从这里运出去的。

岛上一年四季水果不断,人们既不用种地,也不用牧羊,随手一摘,就能饱餐一顿。再加上天气炎热,人们常常是一觉睡到中午,直到晚上才出门。据说,和他们来往最多的国家是中国,至于欧洲,几乎不知道世界上还有这么个地方。

可惜,麦哲伦一心想征服菲律宾人,仗着手上有枪有炮,帮着一方去攻打另一方,结果被菲律宾人杀死了。

幸存的船员慌乱之中,急忙驾船逃走,又不幸遇到了老对头——葡萄牙船队,差点儿全军覆没。最后,只剩下一艘破破烂烂的小船回到了西班牙。200多名水手,也只剩下了18名。

虽然麦哲伦没有亲自完成这次环球航行,但毫无疑问,这是一次可以载入史册的航行,而麦哲伦的名字,也永远刻在人们心中。

奇 幻 漂 流

少掉的一天，去了哪里

编辑老师：

您好！我是麦哲伦船队中的一名水手。回到西班牙后，我们发现一个问题，回来的那天，当地的日历是9月8日，可我们每天记录的日记却是9月7日。

有人说我们记错了日子，肯定在该祷告的时候没祷告，不该吃肉的时候吃了肉。这可真是冤枉！我发誓，我们每天都记日记，没有错过一天，也没有记错。

可为什么航海日记上是9月7日，而不是9月8日呢？为什么会少一天呢？少掉的这一天，去了哪里？为什么不是少两天、三天、四天呢？我跟他们解释不清，您能告诉我吗？

一名有问题的水手

尊敬的水手先生：

您好！这个问题并不难解答，但您理解起来可能有难度，因为里面包含你们并不知道的科学原理。

地球是向自西向东转的，每转一圈就是一天，所以，地球上的每一个地方每天都是24小时；东边的时间也总比西边早。

而你们的船队也是自西向东航行的，这就好比你们一直在追着西下的太阳跑。因此，你们的晚上总是比白天晚一点来临，白天的时间就延长了。地球转一圈是一天，而你们也只绕地球一圈，从出发点又回到了出发点，也就是说，比出发点处少转了一圈，所以就少了一天，而不是两天、三天和四天！

自由广场

地球是方的,还是圆的

中国某商人

我们祖先早说了,这天是圆的,地是方的。我们中国处于正中央,是天下之尊,嘿嘿!

那巴比伦人还说过,地是圆的,大地周围都是河流呢!

某犹太商人

欧洲商人

这还用说,地球肯定是平的呀,像个煎饼一样。大地就是个平面,海的尽头是个无底洞,不然怎么有那么多人没有回来呢?

你们都错了,古希腊著名的数学家毕达哥拉斯早说了,地球是个球体!亚里士多德也说过,越往北走,北极星越高;越往南走,北极星越低。这已经证明大地是个球了!

希腊某哲学家

某水手

别说了,争一百年,"不如行万里路"。麦哲伦已经用事实证明,地球大部分是海洋,不是陆地!大西洋、太平洋以及印度洋并没有隔开,而是连在一起的!地球,的确是圆的!

香料为什么这么值钱

说到香料,很多人不明白,欧洲人冒着生命危险,到处找黄金,可以理解。可为什么香料也这么值钱呢?

在回答这个问题之前,我们先来了解一下,什么是香料?

香料,顾名思义,就是能让食物变得香喷喷的佐料,如丁香和胡椒等。我们知道,食物放久了,就会发臭、变坏(那时候没有冰箱)。但如果在上面撒上点香料,臭味就闻不出来了,照样能吃。

不过,欧洲本身不生产这种香料,只有气候温暖的国家才有,而且大部分是在南洋群岛。岛上的人们驾着小船,把香料运到印度,再由阿拉伯人批发给威尼斯商人,卖到欧洲各地。

可是,土耳其人攻陷君士坦丁堡后,像霸王一般,横在欧亚大陆中间,把香料之路切断了。欧洲人想得到香料,只能以十倍、百倍的价格,从土耳其人手里购买。好不容易自己开发了新航线,一趟跑下来,又远又辛苦,一不小心就有可能被海盗抢走,你想想,这样得来的香料,欧洲人怎么会不拿它当宝贝呢?

所以,如果你看到有人用天平称胡椒时,关上门窗,戴上口罩,可千万别笑。为什么?哈哈,那是他们为了防止打喷嚏,或者吹来一阵风,把这些比黄金还宝贵的胡椒粉给吹走呢!

名人来了

特约嘉宾
麦哲伦
（简称"麦"）

越越
（简称"越"）

> 嘉宾简介：葡萄牙人，一个著名的航海家。在进行环球航行前，他在非洲和印度、东南亚立了不少战功，甚至还因作战成了跛子。他相信地球是圆的，因此他做了一件别人从未做过的大事——环球航行。

越：麦哲伦船长，欢迎您来到西洋。

麦：嗯，这里不是南洋吗？

越：这里位于中国南海的西方，我们中国人称它为西洋。一百多年前，我们有个叫郑和的人就下过"西洋"。

麦：也就是说，中国人比我们早一步来到这里。那他去过哪里？

越：去过很多地方，有暹（xiān）罗（今泰国）、爪（zhǎo）哇（今属印度尼西亚）、榜葛剌（今孟加拉国）等，最远去了非洲东海岸、红海沿岸。

麦：噢，很多地方我还没去过。

越：暹罗、爪哇和中国的关系都不错。对了。去爪哇您要记住，千万不要摸人家的头。

麦：为什么？

越：他们认为摸人家的头会变笨，要是你摸了，他们就会一刀捅死你！——那里的人不管男女老少，身上总是带着一把刀。

麦：啊？那郑大人在那儿碰到危险没有？

越：还好。人们对他的到来，还是很欢迎的。

麦：没有像我们这样落魄？

越：（大笑）那没得比。他们光船就有二百多艘，人有两万多！不光有水手，还有医生、翻译、会计这些人。

麦：（张口惊呼）不是吧？中国的航海能力这么强？

越：而且他们船上装了许多中国特产，走到哪里，都有一群人跟着。

麦：那是，那么有钱，怪不得不待见我们这群穷光蛋。

名人来了

越：他们是将银子、绸子、瓶子，不停地送人家，你们是铆足了劲往家里捞，待遇能一样吗？

麦：既然中国这么强大，为何不干脆收了这些岛屿呢？

越：收？我们地大物博，要什么没有？郑大人下西洋主要是为了和周围邻居搞好关系，和平共处，不干这种欺负弱小的事儿！

麦：不打架？

越：不但不打，还帮忙劝架呢！比如满剌加（葡萄牙人来之前，为马六甲王朝），因为和中国、印度做生意，变成了一个大港口。暹罗看着眼红，老找满剌加的麻烦。郑大人在中间说和了一下，暹罗就再也没有生事了。

麦：满剌加？那里现在不是葡萄牙的地盘吗？我去过那里，还在当地买了个仆人。要不是他和菲律宾人说上话，我还以为又回到南洋了呢！

越：这表示，往西走也能到达东方，您的环球计划已经快实现了！您将成为第一个环游地球的人，祝贺！

麦：谢谢！希望能平安回到西班牙，这一次出门实在是太久了。

越：您这次远航，花了不少钱吧？

麦：还好。我们将带回二十六吨胡椒。在这儿一块钱买的胡椒，在欧洲可以卖一万块钱！产生的利润足够支付整个航行的费用！

越：（惊叫）天啊！利润这么高！

麦：不然呢？你认为谁会吃饱了没事干，跑这么远？

越：你们不是想传播基督教吗？

麦：这边的人信基督教吗？

越：不信，像暹罗人信奉的是佛教，喜欢建寺庙和佛像；爪哇信奉的是伊斯兰教。

麦：哦，那就好！既然不是基督教徒，那这里就是我们西班牙的地盘了！

越：啊？！

（注：本次采访于麦哲伦在菲律宾期间。）

发现巴西

热烈祝贺，船长卡布拉尔先生和航海家迪亚士先生等人驾船东行，发现了一个叫"巴西"的地方，以后这里就是我们的新地盘了。望我们的船队再接再厉，勇往直前！

葡萄牙王室
1500 年 3 月

沉痛吊唁迪亚士

著名航海家迪亚士先生在最后一次远航时，在好望角附近遇到特大风暴，不幸遇难。同时遇难的，还有四艘船上的全部人员。迪亚士先生曾走过印度航线最艰难的路线，是我们远航事业的先锋和勇士，我们将永远怀念他！

葡萄牙王室
1500 年 5 月

胜利属于葡萄牙

勇士们，这是我们的第二次印度之行。国王给我们准备了 20 艘舰船，还有这么多的枪炮，就是希望我们能拿回更多的香料、丝绸和宝石等珍品，称霸印度洋！所以，这一路，不论是谁，只要挡住我们的去路，格杀勿论！

胜利一定属于葡萄牙！

达·伽马船队
1502 年

（注：达·伽马开辟了一条新航线，也开启了欧洲对东方进行殖民掠夺的新时代。）

第 5 期

〖1492 年—1522 年〗

非洲和葡萄牙特刊

穿越必读

在翻看今天的世界地图时，你有没有发现，非洲大陆就像一个大楔子，深深地嵌入大西洋和印度洋之间。这个"楔子"的最尖端，就是有名的好望角。它的发现，让整个非洲陷入一场巨大的灾难……

顺风快讯

你并不了解的非洲
——来自非洲的特别快讯

来自非洲的特别快讯

（本报讯）大家都知道，葡萄牙人去了亚洲，也去了非洲。

说起非洲，很多人一头雾水，稍微有点知识的，也只会说："噢，就是古埃及所在的地方吧？"

其实，除了埃及，非洲还有许多别的国家，比如加纳、马里、津巴布韦、索马里等。不过，这些国家可能一辈子没有跟埃及打过交道。因为埃及在北，它们在南，中间隔着一片大大的沙漠。

这个沙漠叫撒哈拉，是世界上面积最大的沙漠，气候十分恶劣。很多人走进去，不是迷失方向后渴死、饿死，就是被沙子活埋，再也没有回来。除了一些胆子大的伊斯兰教徒，几乎没有人敢涉足。

时间久了，沙漠南部的人与北部的人接触越来越少。北边的人没办法走过去，南边的人也没办法走出去。

因为南边大部分住的都是黑人，所以人们称之为"黑非洲"。

绝密档案

西边黄金，北边盐

很多人都以为，非洲很穷，很落后。实际上，那里曾经有过很多富裕的王国，比如加纳。

加纳位于非洲西部，有许许多多的金矿，人称"黄金之国"。矿工们每天不是在山上挖金矿，就是在河里淘金沙。

从矿坑里开采出来的黄金，成块的都归国王所有，一般人只能买卖金沙。据说，国王拥有最大的一块黄金，可以当"拴马石"，连马都拉不动。

矿工们成天围着金子打转，可金子不能当饭吃啊，所以矿工们就把金子卖给商人，换取一些日常用品。商人们再把这些黄金卖给周边国家，卖给阿拉伯帝国，还有罗马帝国。

商人们发了财，做梦都想知道，这些金矿开在哪里。可矿工们却十分警惕，从来不跟他们碰面，以免被他们威胁。

每次交易前，他们都把交易地点定在一个离金矿很远的地方。

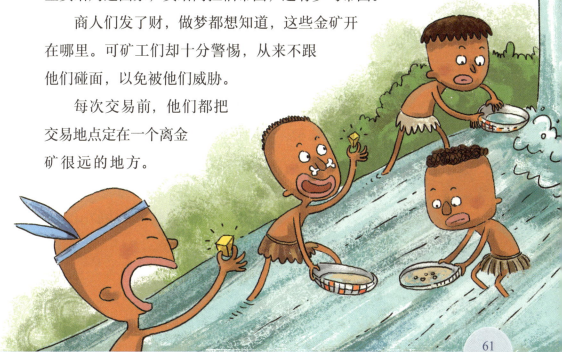

绝密档案

商人们随身带了一面大鼓,到了约定地点,就"咚咚咚"地敲一通,确定矿工们都听见后,把所有的货物摆在地上,再离开。

这时候,矿工们就带着金子走出来,把金子放到需要的物品旁边,再藏起来。

商人们返回后,看看矿工们留下了多少金子,如果觉得满意,就把金子直接带走。如果不满意,就再度离开。矿工们就再拿些金子出来。一来二往,直到双方都满意了,才各自收工回家。

整个过程,就像捉迷藏似的,是不是很有意思呢?

不过,虽然他们有很多金子,但有一种物品,却十分稀缺,那就是盐。因为当地天气炎热(那时没有冰箱),食物吃不完的话,容易发馊、变味。只有用盐腌制起来,才能继续保存。

可是,当地并不产盐,只有北非才有。要想得到这种宝贵的东西,必须用金子和北非人进行交换。

你猜,一斤金子可以换多少盐呢?——嘿嘿,也是一斤!没想到吧,盐在加纳人眼里,就是这么值钱!

可惜后来,由于土地干旱,加纳的国土渐渐沙漠化,从此就一蹶不振了。

世界风云

"黄金之王"的黄金之旅

加纳没落以后，西非最富有的王国是马里。

马里的国王非常聪明，每征服一个地方，就留下一些兵在当地耕种，把荒地变成农田。马里本来就拥有占世界一半的黄金产量，有了充足的粮食有力的军队，很快变得强大起来。

马里最有名的国王叫曼萨·穆萨，是一名忠实的伊斯兰教徒。而他之所以有名，源于1324年的一次朝圣。

在这次远行中，他带了五百名奴隶、一百头大象、八十匹骆驼。这并没有什么稀奇，稀奇的是，每个奴隶扛着一根五斤重的黄金权杖，每只大象背着黄金，每只骆驼都驮着金沙。

一路上，这个国王花钱如流水，每到一处，就购买大量房屋和土地，还有布匹、香料等各种礼物，送给穷人。因为送出的黄金太多，埃及的黄金价格暴跌，十几年都没有缓过来。

在路上，有人好奇地问他："您的王国有多大呢？"

他说："一年。"

什么意思呢？就是从马里的一头走到另一头，需要一年的时间！

这场华丽的"黄金之旅"，让人们大开眼界，从此，人们把穆萨叫做"黄金之王"。"黄金之王"回国时，带回了一大批艺术家和建筑师。在国王的支持下，他们修王宫，建寺庙，办学校，很快把一个叫通布图的地方打造成西非最大的城市。在这里，女人不但可以接受教育，而且和男人一样受人尊敬呢！

走得最远的旅行家

除了西非，东非也有很多富有的城市。这些城市原本很小，因为靠近红海，交通方便，各地商人都跑来做生意——有波斯的、希腊的、罗马的、阿拉伯的，还有印度的、中国的——据说郑和下西洋的时候也来过这里，有个国王还送给中国皇帝一只长颈鹿。中国人没见过，还以为是传说中的神兽麒麟呢！

来的人多了，这里就成了商业中心。阿拉伯人离这里最近，来得也最多，有的人便干脆在这里住了下来。他们和东非人一起生活，一起赚钱，日子久了，两家变一家，成了亲家。

不过，跑到东非的人里，最有名的不是商人，而是一个旅行家。他来自北非，叫伊本·白图泰，是一个有钱又有闲的公子哥儿，也是一个穆斯林。21岁那年，他离开家乡去麦加朝圣，从此就迷上了旅行。

在将近三十年的时间里，他翻过高山，越过草原，穿过沙漠，渡过大海，去了四十多个国家，最远去了俄国南部、波斯、东罗马、印度等国，还在中国待了半年。

在去过的国家里，他认为：最安全的地方是中国，就算是一个人带了大量财物在外面旅行几个月，也大可以放心；最美好的城市是东非的基尔瓦，人们住着珊瑚石砌的房子，穿着中国的丝绸，用着中国的瓷器，过着幸福温暖的日子。

怎么样，你是不是也想去这些地方看看呢？

世界风云

会说话的牲口

葡萄牙人涌入非洲后,黑人们就遭了殃。这些强盗一路打打杀杀,不但抢地盘,还把黑人卖到欧洲当奴隶。黑人们敌不过他们的火药和枪炮,只能任由他们欺负。

而这时候,美洲的印第安人几乎被西班牙人灭绝了,没人干活。总不能让白人干活吧,西班牙人想啊,想啊,就想到了非洲人。这些黑人既听话,又有力气,一个能抵四个印第安人,是干活的好材料,于是西班牙公开表示,欢迎大家把黑人卖到美洲去。

这可把奴隶贩子乐坏了——用黑奴去换美洲的黄金白银,可是一本万利的好买卖啊!从此,贩卖黑奴的规模就越来越大了。

最开始,奴隶贩子用酒水、玻璃、棉布,甚至枪支弹药,收买当地的一些部落首领,让他们去抓人,自己躲在后面数人数。后来,他们觉得这样做成本大、见效慢,直接见人就抓,有时甚至连黑人贵族也不放过。

被抓的黑人,一律像牲口一样烙上印记,运到奴隶市场,选出漂亮的、强壮的,再用船卖到美洲。

从非洲到美洲,

世界风云

中间有一段很长的路程。为了防止奴隶逃跑,奴隶贩子把奴隶锁在船舱里,带上沉重的脚镣或铁链,或者扛上几十斤重的货物或石头。

船舱里又闷又热,奴隶们像罐头一样挤成一堆,吃喝拉撒全在里面,特别容易生病。一旦得了病,就会立刻被丢进大海。死一个扔一个,到达美洲后,一船的人就剩一点点。可即使这样,只要不死光,奴隶贩子还是照样有钱赚。

活下来的奴隶被卖到矿山或种植园,开始没日没夜地干活。稍有不慎,就会遭到毒打,就连干活的时候,也戴着手铐脚镣,根本没办法逃跑。就算有机会逃脱,也逃不了多远,一旦被抓回来,又是一顿毒打,甚至有可能会被杀死,用来警告其他人。

黑奴们不断反抗、逃跑、怠工……可是,他们怎么敌得过有枪有炮有军队的主人呢?

而那些可恶的奴隶贩子,载着用黑奴换来的黄金、白银和农产品,眉开眼笑地回到欧洲,再一次赚了个底朝天。之后,又驾着船开往非洲,开始新一轮的三角买卖……

(注:从15世纪到19世纪,四百年的黑奴贸易使非洲至少损失一亿人,给非洲带来了深重的灾难。)

自由广场

是买主还是强盗

菲律宾某岛民：你们说,那帮葡萄牙人到底是不是做买卖的?想要我们的香料,只知道把货物搬走,却老不记得付钱,如果要求他们付钱,他们就出手打人。这是哪来的买主,怎么跟中国人不一样呢?

马来西亚某岛民：他们怎么能跟中国人比呢?中国人从不强买强卖,大家和和气气地合作了这么久,从来没出过问题!

菲律宾某岛民：买东西不给钱也就算了,还强迫我们信基督教。你要不信,他就割掉你的鼻子,砍断你的手!如果这样的人都能上天堂,也太可怕了!

马六甲某小兵：什么买主?分明是一帮强盗!但有什么办法呢?你的弓箭,打得过人家的枪炮吗?还是老老实实地待着吧!

如何在澳门永远住下来

编辑老师:

您好!您知道的,这些年,我们欧洲人费这么大力气航海,目的就是为了找到中国。不久前(指1514年),我们终于如愿以偿,来到了中国一个叫澳门的小岛。

我研究了一下,如果能够在此长住,我们就可以轻轻松松地到达中国的各个地方,去日本、去东南亚也方便得多。

可是,明朝的官员却把我们当强盗,要赶出中国。您是中国人,能不能告诉我们,有什么办法可以在澳门长住呢?

葡萄牙舰队司令官

司令官:

您好!其实我很佩服葡萄牙人,你们一边探险一边学习,凭借几杆枪、几艘破船,成功地跻身欧洲的一流大国,还到了很多欧洲人没有涉足的地方。这是非常了不起的事!我相信,即使世界再大,你们也会发现它。

但是你们太不了解我们中国了。中国是礼仪之邦,如果你们来到这里,是规规矩矩地做生意,和和气气地交朋友,我们热烈欢迎;如果是勾结海盗,烧杀掳掠,企图霸占我们的领土,我们就绝不能容忍!我们绝不会任由你们摆布!

所以,我劝你们安分守己,好好做人,否则,你们在中国将永远没有立足之地!

(注:1887年葡萄牙侵占澳门,直到1999年,澳门才正式回归中国。)

名人来了

特约嘉宾
佚名
（简称"佚"）

越越
（简称"越"）

> 嘉宾简介：葡萄牙人，也是千千万万的黑奴贩卖者之一。通过一本万利的黑奴贸易，一夜暴富，对葡萄牙和非洲有一定的了解。因本人强烈要求，只好佚名采访。

越：神秘嘉宾，您好。请问您为什么不愿意让大家知道您是谁呢？

佚：贩卖黑奴又不是好事，就不丢人现眼了吧。

越：既然知道不是好事，为什么还做？

佚：有钱赚啊！一趟船跑下来，利润高达100%—1000%，你做不做？你不做别人也会做！

越：要不是你们葡萄牙带这个头，别的国家也不会跟风吧？

佚：这个怎么是葡萄牙人带的头呢？第一批贩卖黑奴的是阿拉伯人，很早就开始了！

越：他们卖的大多是战俘，不像你们，只要是黑人，都拿去卖，太没节操了。

佚：哎，谁叫黑奴这么值钱呢？不光是我们，连黑人自己也卖自己啊！

越：（大惊）有这事？

佚：这有什么大惊小怪的？非洲人自己跟自己打惯了，打赢了的，把俘虏卖给我们，还能挣上一笔钱买武器，继续打，多好！

越：这个时候，不是应该联合起来，统一抗敌吗？

佚：统一？你什么时候见非洲统一过？

越：这正是我觉得奇怪的地方。非洲历史悠久，物产丰富，论面积，论人口，仅次于亚洲，为什么没有统一？

佚：非洲大部分地方不是高原，就是裂谷，怎么打？总不能让将士们背着武器，总是爬高山，爬高原吧？

名人来了

越：好像也对。

佚：这没有平原，就没有粮食，打个仗还要操心吃饭的问题，谁愿意跟你出来玩命？

越：不是有很多野生动物吗？可以一边打猎一边打仗嘛！

佚：搞没搞错，那些野生的动物跑得比你还快，你抓得住吗？要是这么容易抓住，非洲还会有食人族吗？

越：……非洲的食人族真的会吃人吗？

佚：他们又不种地，又不养牛养羊，没有东西吃，能吃的不只有人吗？——哎，说白了，他们就是一群没知识、没文化、没脑子的大老粗！跟着我们，还有机会进步一点。虽然没有地位，但生活质量比以前高啊，至少不用吃人，有什么不好？

越：（冷笑一声）听你这么说，贩卖黑奴还是件好事啦？

佚：当然好啦！不好的话，西班牙、英格兰、法兰西会来插一杠子吗？唉，如今黑奴贸易竞争激烈，香料价格也跌得厉害，本来属于我们葡萄牙的财富都巴巴地流到外国人手中了！

越：你们帝国横跨欧、美、亚、非四大洲，还争不过他们？

佚：唉，小记者不知道吧，我们整个葡萄牙人口只有150万，帝国这么大，人这么少，怎么跟他们争？

越：我倒觉得，你们现在的问题是，上至国王，下至平民，全都享乐成风，没有追求。长此以往，国将不国！

佚：大家辛苦一场，肯定不能亏待自己！不然跑非洲冒那么大的风险做什么？——啊，不说了，听说香料又跌价了，我得看看去！

越：……

请不要再找约翰王了

　　本国探险队已于近日找到传说中的约翰王。不过,他并不是人们所说的战无不胜的君主,无论是经济上还是军事上,都无法与穆斯林抗衡。请大家以后不要再寻找约翰王了。

葡萄牙王室

本店简介

　　本店商品繁多,有来自美洲的烟草、砂糖、咖啡及棉花,来自欧洲的粮食及布匹,也有来自亚洲的茶叶、丝绸、瓷器和香料,同时收购象牙、兽皮、玳瑁、龙涎香、红木、黄金,以及从内陆打仗抓来的奴隶,欢迎前来洽谈。

基尔瓦旺旺公司

诚招"驴友"

出发地点:摩洛哥
目标地点:非洲南部的"石头城"津巴布韦,以及东非的"香料之乡"索马里。
出发时间:可商议
理想人数:1至6人,仅限男性。
本人概述:穆斯林,爱生活,爱旅行。

一个旅行爱好者

第6期

【1519年—1553年】

西班牙人在美洲

穿越必读

哥伦布到达美洲大陆之前,古代美洲有过三大灿烂辉煌的文明,即玛雅文明、阿兹特克文明、印加文明。西班牙人进入美洲后,肆意屠杀印第安人,美洲古文明就此中断。而西班牙人夺得大量黄金,成为欧洲最强大的国家。

顺风快讯

印第安人来自哪里
——来自新大陆的加急快讯

来自新大陆的加急快讯

（本报讯）欧洲人发现新大陆后，大吃一惊——

这里有世界上最宽阔的河流——亚马孙河，有大片大片的热带雨林，还有烟草、土豆、玉米这些从来没有见过的农作物。

可是，这么好的一个地方，他们不但没来过，连听都没听说过。而那些头顶羽毛的印第安人，却已经在这块大陆上居住了很久很久。

他们到底是些什么人，为什么会在这里居住呢？

有人说，他们一出生，就在美洲居住了；

也有人说，他们来自太平洋的另一边；

还有人说，他们是中国人，武王伐纣时，商朝的一支军队战败，怕回去被砍头，就逃到了这里。

唉，那他们到底来自哪里呢？

说来说去，大家还是一头雾水，到现在都没有人揭晓呢！

自由广场

黄金国和不老泉

西班牙船员甲

你们知道吗？在新大陆的某个地方，有一处"不老泉"，如果在里面洗个澡，或是喝两口泉水，就能返老还童，永葆青春了！

这算什么！听说森林深处有一个黄金国，整个城市都是由黄金建造。国王每年都会全身涂满金粉，跳到湖中沐浴，贵族们会把无数的黄金饰品投到湖中，作为贡品。要是能够找到这个国家啊，咱就一辈子不用愁啦！

西班牙船员乙

西班牙船员丙

不是吧？要真有个这样的王国，哥伦布怎么没找到呢？

美洲这么大，有南美洲、北美洲，还有中美洲，哥伦布登陆的是中美洲，黄金国在南美洲，地方都不一样。不同地方的印第安人发展也不一样，况且，并不是每个印第安人都有黄金的。

西班牙船员丁

西班牙商人

我劝你们，最好别做这种发财梦！那个地方又穷又脏，不要黄金没找到，命倒是丢了！最近那个发现密西西比河（北美洲最长的河流）的人，不就得了病，发了高烧，最后死在那里了吗？

绝密档案

了不起的印第安文明

别看印第安人头顶羽毛，好像很落后。实际上，在很久以前，他们就创造了非常了不起的文明。其中最有名的是玛雅文明、阿兹特克文明，以及印加文明。

玛雅文明，是美洲中部一个叫玛雅的部落创造的。玛雅人很聪明，不但发明了美洲唯一的文字——玛雅文字，还创立了精确的太阳历。而且，他们还会使用"0"的符号，比欧洲人早了八百年。

在玛雅人的城市里，有很多高大的神殿和金字塔，最高的一座有二十层楼那么高。他们没有车子，没有起重机，那一块块巨大的花岗岩是如何垒起来的呢？没有人知道。

玛雅文明衰落后，一个叫阿兹特克的部落搬迁过来，在一个岛屿上建立了一个更强大的王国。

当别的印第安人住着帐篷时，阿兹特克人已经住上了房子，还和罗马人一样，修建了道路和地下水道。他们的都城特诺奇蒂特兰（今墨西哥城）又大又美，就连伦敦人见了，也叹为观止。

阿兹特克人和玛雅人一样，对太阳神、月神、花神、雨神、玉米神等十分崇拜，甚至用活人来祭祀。

绝密档案

不过,最神秘的印第安人,要属印加人。印加人的帝国建在美洲南部的一座深山里,因为崇拜太阳,把自己称作"印加",也就是"太阳之子"的意思。

印加帝国的首都库斯科(位于今秘鲁南部)是一座石头城,石房、石墙、石街、石庙,几乎所有的建筑都是用大块的石头垒成。石头与石头之间,结合紧密,没有用任何水泥、米汤这类的黏合材料,完美得令人惊叹。

更让人惊叹的是,据说,印加到处都是黄金,就连小小的鱼钩,也是用黄金做成的。——难道它就是传说中的黄金之国?

因为帝国太大,印加人和阿兹特克人一样,修建了大量的道路,每隔一段距离,就设一个驿站、两名信使。国王想发布什么命令,就让信使飞快地跑到下一站,一个一个地传下去,保证一字不差。

除此之外,印第安人还种出了许多好吃的东西,比如土豆啦,西红柿啦,辣椒啦,等等。据说这些东西传到欧洲后,大家都喜欢得不得了呢!

世界风云

破釜沉舟，征服墨西哥

听说墨西哥有个很富庶的地方，很多人都想去捞一把。

1519年，西班牙国王查理（史称查理五世）任命一个叫科尔特斯的人为司令官，远征墨西哥。

科尔特斯铆足了劲儿，要好好和墨西哥人打一架，出发前下令把所有船只烧掉，表示不达目的，绝不回头。

然而，阿兹特克人看见他们，不但没动手，还把他们当神明一样欢迎。

原来，阿兹特克人特别崇拜一个叫"羽蛇"的神（一条长满羽毛的蛇，有点像中国的龙）。传说，有羽蛇神的保佑，年年都有好收成，葫芦会长得像人的手臂一样粗，棉花会开出各种颜色，不需要染色……

然而有一次，羽蛇神被三个恶神算计，被迫离开了。临走前，

世界风云

他对人们说:"我和我的子孙一定会回来的!"

因此,阿兹特克人一直都相信,羽蛇神会从东方回来。

他们没见过马,也没见过枪炮,看见科尔特斯,以为是羽蛇神骑着怪兽,一路打着雷、闪着电地回来了!

国王蒙特马苏不但亲自出城迎接,还给他们送去两个金盘子,一个代表太阳,一个代表月亮,每个都有车轮那么大。

科尔特斯只带了五百人,也不想动武,劝他归顺西班牙,当个基督教徒——否则,就让"怪兽"和枪炮消灭他们!

蒙特祖马不同意,科尔特斯就把国王抓了起来。仗着有国王在手,在城里到处杀人放火,搜刮钱财。

阿兹特克人一看,不对呀,这帮人不是羽蛇神,而是一帮强盗!于是纷纷拿起石刀、棍棒奋起反抗,杀了几百个西班牙人,还把懦弱的国王用石头砸死了。

世界风云

科尔特斯没了国王做筹码，又没了兵马，只好狼狈逃走。这人心思歹毒，逃走前，把一块毛毯送入城中。城中的人毫不知情，傻乎乎地一盖，一堆人染上了天花，死了一大片。

一年后，科尔特斯带着军队卷土重来，再次向阿兹特克人发起攻击！这一次他造了几百艘大船，把阿兹特克人的小船撞得稀碎，阻断了他们进出的水道。

三个月后，阿兹特克人的粮食吃光了，水也喝光了，天花也夺去了很多人的生命。阿兹特克人无力抵挡，只好眼睁睁地看着敌人攻破城门，大摇大摆地进了城。

特诺奇蒂特兰被推为平地。科尔特斯在这片废墟上，建立了一个新首都，叫墨西哥城，自己也摇身一变，当上了新西班牙王国的总督，成了阿兹特克人的新主人。

（注：从此，西班牙开始了对墨西哥长达三百年的统治，直到1821年才结束。）

世界风云

160∶6000000，一场豪赌

科尔特斯有个好朋友，叫皮萨罗。这人原本是个穷人，从小被父母遗弃，大字不识一箩筐，每天会做的，就是给别人放猪，喂牛，干粗活，日子过得很辛苦。

有一天，他放猪的时候，不小心把猪弄丢了。因为怕被主人责骂，就逃出了庄园。正好有个探险队正在招人去美洲，他就应征入伍，跟着去了海地。

见科尔特斯发了财，皮萨罗也动了心，请求西班牙国王也给他一支军队，去征服印加帝国。

这支远征军有多少人呢？加上他本人，才一百六十多人。

可是，印加帝国有600万人口，光国王的随从就有8万人，160∶6000000，能赢吗？

当然不能。所以，狡猾的皮萨罗想了一个办法。他假惺惺地邀请印加国王到军中吃晚餐，还约好不带武器。

天真的国王没把他们当回事，果然带了一帮手无寸铁的士兵来了。皮萨罗趁机提出，说上帝把印加赐给了西班牙，要求国王归顺西班牙，信奉基督教。

国王听得莫名其妙，问："我们世世代代都住在这里，你们说是上帝赐给你们的，有证据吗？"

皮萨罗让人拿出一本《圣经》，说："这就是证据。"

"一本书能说明什么呢？我只相信太阳神。"

国王说完，把《圣经》往地上一扔，把他们骂了一通。

皮萨罗恼羞成怒，一声令下，埋伏在四周的士兵跳出来，又是开枪，又是吹喇叭。印加人虽然人多，听见枪响和喇叭声，以为神发怒了，顿时慌作一团。不到半个小时，印加人就死伤无数，最后连国王本人也被抓了。

皮萨罗把国王关在一个大房子里，要求他将这间房子填满黄金和白银，才把他放了。

国王信以为真，命令印加人赶紧给他筹集赎金，结果，房子很快堆满了黄金和白银。

一下得到这么多的黄金，可是皮萨罗做梦都没想到的事！他还想得到更多更多更多，于是一不做二不休，把国王绞死了。

愤怒的印加人聚集二十万大军，要与皮萨罗决一死战。可惜，他们没有骑兵，没有投石机，没有火枪，没有大炮，几个月的工夫，就和阿兹特克人一样，被西班牙人灭亡了。

奇幻漂流

怎样才能帮到印第安人

编辑老师：

你好！我是一名神父。很多年前，我曾经参加过哥伦布的航行，到过美洲。那时，美洲到处是山清水秀，鸟语花香，一派生机勃勃的景象。

可多年以后，当我再次来到美洲时，我惊呆了！这个曾经很幸福、很快乐的王国，如今到处是荒田、废墟、垃圾……而那些天真的印第安人，一个个不是沦为白人的奴隶，过着生不如死的日子，就是死于非命。

而那些航海家却口口声声说，这样做，是为了让印第安人更快地接受文明的洗礼，融入文明的世界。对此，我不能苟同。我该怎样才能帮到这些可怜的印第安人呢？

一位不想透露姓名的神父

尊敬的神父：

您好！相信我，您看到的只是冰山一角，真实的情况是，整个美洲原来有几千万的印第安人，现在只剩下不到几百万！

可能在很多白人的眼里，航海家们给国家带去了巨大的财富，是探险家，是英雄！可在印度安人的眼中，这些人只是一群强盗！甚至比强盗还要坏！因为强盗抢了东西就会跑，而他们却想永远霸占别人的家园，做别人的主人！更可怕的是，强盗用的只是刀，是剑，而他们用的却是枪，是炮！而这样的行为，却足以把一个民族彻底毁灭！

什么是文明？文明是尊重所有与你不同的事物，是帮助所有需要帮助的人！如果你想帮助那些可怜的印第安人，那么请告诉那些"强盗"，停止这样的罪行吧！一个坏事做尽的人，是上不了天堂的！

名人来了

特约嘉宾 皮萨罗（简称"皮"）

越越（简称"越"）

嘉宾简介：西班牙著名军事家、冒险家、探险家，他意志坚定，精于计谋，让成千上万的印加人变成了奴隶，而他自己，则过上了放猪时就梦想的幸福生活。

越：总督大人，是什么力量支持你一而再再而三地来到印加的呢？

皮：一个字：穷！

越：您不是在美洲已经获得一个种植园了吗？

皮：一个种植园算得了什么！我想要更多，更多！哈哈！

越：您今年多大了？

皮：56，怎么了？

越：没想到您一把年纪，精力还这么旺盛，失敬失敬！

皮：哈哈，我这成绩拎出来，应该也算是羞煞亚历山大大帝和恺撒大帝吧！

越：我还真是想不通，这么庞大的印加帝国，怎么就栽在您的手里呢？

皮："苍蝇不叮无缝的蛋"。要不是他们内部闹矛盾，我也没这机会。

越：什么矛盾？

皮：他们当时的国王不是合法继承人，很多人不满意。

越：那国王不是把您当朋友吗？您应该支援他才对。

皮：我去印加，又不是去交朋友，是去抢地盘的！

越：美洲那么大，你们为什么要霸占别人的地盘呢？

皮：什么别人的地盘！教皇早就划了分界线，东边是葡萄牙的，西边的是我们西班牙的！

越：教皇也真有意思，别人的地盘他怎么有权利随便送人呢？

皮：天下万物都是上帝的，教皇也是照着上帝的意思做的。

越：那您用不到两百人，去对付五百万人，也是上帝的意思吗？——要是他们每

名人来了

人吐一口唾沫，淹都能把你们淹死呢！
皮：我又不是傻子，会站在那里让他们吐吗？实力悬殊的时候，不能硬拼，要智取。
越：您说的智取，就是把他们国王杀了吗？
皮：嗯，印加人不是把自己的国王当神一样看待吗？没了国王，他们就会群龙无首，任人宰割。
越：但您当初答应会放了他，怎么能出尔反尔呢？
皮：只有他死了，我才能掌控这个帝国，否则，就会是我死在他们手里！
越：怎么会呢？你们手里有枪有炮，对付手无寸铁的印加人，不是什么难事吧？
皮：我们的枪射程很短，装药也很费劲，只是声音吓人，其他并不比弓箭强。
越：论文明程度，你们比印第安人要高得多，为什么要把他们赶尽杀绝呢？
皮：只要他们在，他们就是这片土地的主人。我们以及我们的后代就永远是客人，甚至是强盗！

越：（小声嘟囔）本来就是强盗！……
皮：只有杀杀杀，才能驾驭他们，让他们听我们的话，明白吗？
越：那印第安人后来听你们的话，信了基督教吗？
皮：有的信了，有的不信。这信了以后就可以上天堂，为什么有的人就不信呢？
越：那要是换我，我就不信。第一，你这人说的话不能信；第二，要是你的话能信，以后上了天堂，就还能碰到你们，那太恐怖了！
皮：……

（注：皮萨罗因为背信弃义，将朋友绞死，后被朋友的手下刺杀而亡。）

求　购

　　本公司因业务需要，常年收购大量玉米、番茄、马铃薯、甘薯、辣椒、南瓜等农产品，销往欧洲各地。数量不限，质优价廉。因需求量巨大，望与本地印第安人长年合作，欢迎前来洽谈。

　　　　西班牙远洋贸易公司

卖奴隶了

　　卖奴隶了，只要25个大南瓜，就可以换一个年轻力壮的奴隶回去！只限今日，过时不候！

　　　　　　　　　玛雅人

给印第安人的通告

　　即日起，严禁印第安人和其他国家进行土地及黄金买卖，以免上当受骗。所有印第安人，无论男女老少，必须去挖金矿，胆敢违抗者，严惩不贷！

　　　　　　新西班牙王国

一起横穿美洲吧

　　你想去巴拿马探险吗？你想一夜暴富吗？

　　本人将组织一支一千多人的远征队，来一场横穿美洲的大冒险。只要你身体健康，吃得苦，耐得劳，无论你是西班牙人，还是印第安人，只要是勇士，统统欢迎！

　　　　你们的朋友　巴尔沃亚

　　（注：巴尔沃亚是第一个横穿美洲大陆望见太平洋的人。）

智者为王 第❷关

1. 第一个发现印度的欧洲人是谁?
2. 第一次进行环球航行的人是谁?
3. 迪亚士等人在美洲发现了哪个地方?
4. 郑和首次下西洋时到达的地方是哪里?
5. 暹罗是指现在哪个国家?
6. 世界上最大的沙漠是哪个?
7. 西非哪个王国的女人可以接受教育?
8. 走得最远的旅行家是谁?
9. 葡萄牙人于哪一年把澳门还给了中国?
10. "石头城"是指南非的哪个地方?
11. 古代美洲有哪三大灿烂辉煌的文明?
12. 世界上最宽阔的河流是什么河?
13. 北美洲最长的河流是什么河?
14. 印第安的三大文明中发明文字的是什么人?
15. 玉米、番茄、马铃薯、冬瓜哪一个不是来自美洲的农作物?

智者无敌 王者为大

第7期

【15世纪末到16世纪中期】

文艺复兴特刊：三大巨匠

穿越必读

经过人文精神的洗礼，意大利的文艺复兴运动出现了一个高潮，其中绘画和雕塑的成就最为突出。达·芬奇、米开朗基罗和拉斐尔则是其中最杰出的代表，人称"美术三杰"。

顺风快讯

说说意大利的艺术家们
——来自意大利的特别快讯

（本报讯）大家还记得哥伦布发现美洲是哪一年吗？——没错，是1492年。这是一件重大的事件，没有人会忘记。

可是，在哥伦布的家乡——意大利，人们对这个并不感冒，也不关心哥伦布做些什么。他们只对古罗马的建筑和雕刻，古希腊的文学作品感兴趣。

有的人甚至拿着一把铲子，整天在废墟里转悠，要是挖到一个东西，就兴奋得哇哇大叫。你以为是挖到什么宝贝了，走近一看，不过是古希腊的一个破花瓶，古罗马的一本破诗集……

也就是这个时候，意大利这个小小的地方，住满了有史以来最多的艺术家——几乎是每隔几里就有一位。为什么会这样呢？

因为意大利是基督教的中心，艺术家们为了向上帝表忠心，用非凡的才能，和无比的热情，创造了前所未有的艺术成就。整个意大利也因此焕发出无限的生机。

来自意大利的特别快讯

世界风云

史上第一牛人

说起牛人列奥纳多，意大利无人不知。不过，他还有一个更有名的名字，那就是达·芬奇，意思是来自一个叫芬奇的小镇。

达·芬奇很小就喜欢美术。有一次，镇上有个农夫做了一个盾牌，请达·芬奇在上面画点东西。达·芬奇画了一个吐着火舌的怪兽，画得跟真的似的，把父亲吓了一跳。父亲见他很有天赋，就把他送到佛罗伦萨学画画。

据说，达·芬奇进画室的第一天，老师就让他画鸡蛋，第二天，还是画鸡蛋，第三天，仍然是画鸡蛋……画了一天又一天，达·芬奇很不耐烦，老师告诉他："天下没有完全一样的鸡蛋。同一个蛋，不同的角度，不同的时间，看起来也不一样。"达·芬奇这才恍然大悟，从此更加认真学习。

几年画下来，达·芬奇的手仿佛

世界风云

有了感觉，想画什么就画什么，画什么就像什么。

有一次，他在协助老师绘画时，在角落里画了一个小天使。老师看到后，激动地说："哦，看来我以后只能去拿雕刻刀了！"从此丢下画笔，不再作画。

还有一次，他画了一幅画，叫作《最后的晚餐》，画的是耶稣知道自己被一个叫犹大的门徒出卖后，和他的十二个门徒共进最后一次晚餐。门徒们知道这个消息后，有的惊恐，有的愤怒，有的怀疑，有的紧张，尤其是犹大，一脸的惶恐。每个人的眼神、手势和行为，都刻画得惟妙惟肖。

据说为了画好犹大，达·芬奇跑剧院，跑市场，和许多无赖、流氓打交道，观察他们的言行、举止。有一次他正在街上溜达，突然冲来一匹马车，拉车的马受惊了，发了疯地狂奔。有个抱着钱袋的小商人差点被踩死，吓得他一脸的惊恐。达·芬奇看到后，印象深刻，就用这个人做了犹大的原型。画作出来后，人们把它称作是世界上最伟大的十二幅画之一。

世界风云

不过，达·芬奇自己最喜欢的是一幅叫《蒙娜丽莎》的女子肖像画。当时蒙娜丽莎的儿子刚刚夭折，终日郁郁寡欢。为了让她微笑，达·芬奇请来乐师为她演奏，终于捕捉到她脸上难得的一丝微笑。这个微笑非常浅，好像只要少那么一点点，这个微笑就消失了。人们觉得她的微笑很神秘，一直很想知道，她是不是在笑，在笑什么。

达·芬奇虽然擅长画画，作品却很少。因为他的爱好实在太多了。除了画画，他对音乐、飞机、大炮、机器人、数学、解剖等也很有研究——好像世界上没有他不会的事儿，人们称他为"万能博士"。

他死后，有人说，他的死，是全世界的损失，因为再也不会出现一个像他这样的天才了。

世界风云

不可超越的雕塑巨匠

意大利出了很多了不起的雕塑家，但没有一个人，能比得过米开朗基罗。

米开朗基罗从小就跟石头打交道。在一般人眼里，石头都是硬邦邦的，没有生命力。但在米开朗基罗看来，每块石头里都藏着一个生命，只有一直雕刻，才能让那个生命走出来。

有一次，他得到一块巨大的石头。这块石头实在是太大了，很多雕塑家想用它来创作，都没有成功，包括达·芬奇。米开朗基罗用了整整三年，把这块石头雕成一个雕像。

还记得大卫王吗？那个曾经用石头干掉一个巨人的小男孩。米开朗基罗雕刻的就是他。有意思的是，这个小男孩在他手中，变成了一个五米多高的巨人，无论从哪个角度看，都只能仰视。这部非同寻常的作品，让米开朗基罗在意大利一炮而红。

人红是非多，再加上米开朗基罗的脾气不太好，说话总是竹筒倒豆子——直来直去，因此常常得罪别人。

有一次，米开朗基罗公开批评一个同行，说那人的作品不怎么样。那位同行很生气，一拳过去，打断了米开朗基罗的鼻子。从那以后，米开朗基罗就有了一个歪鼻子。

尽管如此，他的东家——教皇还是很喜欢他的作品，甚至只准他为自己雕刻，不许他为别人工作。

一次，教皇嫌罗马的西斯廷教堂不够庄严，想让米开朗基罗在教堂的天花板上画画。

米开朗基罗不愿意，说："我是个雕刻家，不喜欢画画！"

这时候，一些嫉妒他的人就开始到处传播谣言，说米开朗基罗是因为画不好，才不敢尝试。米开朗基罗听了很生气，哼，谁说我不行，我画给你们看看！

在天花板上画画，并不是件容易的事儿。教堂的天花板又高又大，画的画也必须很大。起初，教皇给他派了许多助手，可他嫌他们碍手碍脚，把他们全都开掉了。这样，米开郎斯基罗就成了光杆司令。每画一次，他必须亲自爬上高高的脚手架，才能看清楚画出来是什么样子。画画的时候，颜料一不小心还会滴在身上和眼睛里。换作一般人，早就甩手不干了，但米开朗基罗却咬紧牙关，坚持了下来。

有个主教不懂装懂，总是对他指手画脚。米开朗基罗一生气，把主教的头画在一只驴身上。主教气急败坏，跑去向教皇告状。没想到教皇看了后，反而把米开朗基罗夸了一通，因为他画得实在是太好了。

米开朗基罗把自己关在教堂，一画就是四年。画完后，脖子也歪了，眼睛也不行了。但是，当人们看到天花板上那副气势恢宏的巨作《创世纪》时，都惊呆了，连一向挑剔的教皇也眉开眼笑，说这简直是当今世界最伟大的作品。

除了画画，米开朗基罗还是一位诗人，一个建筑师，曾经参与了世界上最大的教堂——圣彼得大教堂的建筑和设计。

虽然他的脾气一直这么古怪，还总是和人吵架，但人们都很敬重他。哎，谁让他是世界上最了不起的艺术家之一呢？

世界风云

美丽"圣母",成就一代"画圣"

和米开朗基罗一起,参与圣彼得大教堂建设的,还有一位年轻的画家,叫拉斐尔。

拉斐尔的老师也是一个大画家。拉斐尔跟着老师学了三年后,画出来的画,几乎和老师画出来的一模一样,真假难辨。于是,老师建议他去佛罗伦萨,向达·芬奇、米开朗基罗这些大师学习。

拉斐尔将两位大师的作品反复研究,最后创造出了一种独特的风格。他画的"圣母",一经推出,轰动了整个佛罗伦萨。

这些圣母温柔、恬静,看起来不像是神,而像是人间的母亲。人们甚至用"拉斐尔的圣母",来形容一个人长得特别美。

世界风云

其中有一幅叫《大公爵的圣母》。据说它的买主大公爵对它爱不释手,甚至把它放在自己的马车里,这样无论走到哪里,他都能随时随地欣赏它。

还有一幅叫《西斯廷圣母像》,和《最后的晚餐》一样,被大家公认为是世界上最伟大的十二幅画之一。

拉斐尔的脾气特别好,很少拒绝他人。所以,向他约画的人特别多,差不多每个星期就要完成一幅画。有的画还很复杂,很大,人物也很多。如果把他所有的画加起来,可以出版好几本书。

可惜的是,这位天才的画家,因为太过勤奋,37岁就去世了,短短的一生留下了三百多幅作品。这些作品洋溢着幸福与欢乐,给人们带来了非凡的享受,于是人们把他称为"画圣"。

奇幻漂流

不择手段，统一意大利

编辑老师：

　　你好。我叫马基雅弗利。我有一个和但丁一样的梦想，就是希望我的家乡意大利能实现统一，回到以前罗马帝国的日子。

　　我曾经去过法国，也曾向一个夺权成功的朋友取过经，他的经历给了我很大的启发。我认为，人是自私的，追求权力、名誉、财富是人的本性。意大利要想实现统一，必须先有一个能干的国王。这个国王对外要像狮子一样凶猛，像狐狸一样狡猾，必要的时候，可以抛妻弃子，不择手段；对内要像春风一样温暖，在国家强盛之后，愿意尊重所有人的意见，把权力让出来。

　　为此我写了一本书，叫《君主论》。你觉得有没有哪位国王能看到，照我的话去做呢？

马基雅弗利

尊敬的马基雅弗利先生：

　　您好！我知道，您特别希望意大利能够实现统一，"为了达到这个最高尚的目的"，您认为"可以使用最卑鄙的手段"。

　　但是，您有没有想过，如果一个人，为了达到自己的目的，什么事都可以做，什么人都可以背叛，这样的人，在得到权力以后，在国家强盛之后，又怎么可能乖乖地把权力让出来呢？

　　而且，这样的君主是不可能重用您的！——谁敢用一个把一切看得透透的"阴谋论者"呢？那不是太危险了吗？

自由广场

艺术家的背后

每一个成功的艺术家背后，都是一堆钞票。要是没有美第奇家族砸钱，哪有现在的文艺复兴。听说他们家以前只是个小商人，怎么一下变这么有钱了？

某画室学徒

某雕刻学徒

商人最会钻营了。咱们每个基督徒不是都想在有生之年，去见教皇一面吗？这佛罗伦萨正好是去往罗马的必经之路，美第奇家族在这条路上又是兑外币，又是开银行，后来又出了好几位教皇，能不赚翻了吗？

都说有钱是一种罪，为了赎罪，他们就建了很多教堂。这建教堂不光是盖房子的事，还得搞装修，请人画画。所以他们培养了大量的艺术家，像达·芬奇、米开朗基罗、拉斐尔这些大画家都给美第奇家族打过工。

某羊毛商人

某画家

哦，那不挺好？艺术家有了支持，可以不为生计发愁，专心创作了。

获利最大的还是美第奇家族呢！这钱挥霍光了，就什么都没了，艺术品就不同了，能拥有一件艺术品，活着的时候有面子，死了还能当传家宝，多划算啊！如果不是资助艺术，嘿，谁还记得住这个家族啊！

某丝绸商人

名人来了

特约嘉宾
米开朗基罗
（简称"米"）

越越
（简称"越"）

> 嘉宾简介：一个傲慢而杰出的艺术家，一位充满浪漫气息的诗人，一生创作了大量充满激情而不可逾越的作品。人们把他与达·芬奇、拉斐尔并称意大利文艺复兴时期的"美术三杰"。

越：您好，米大师，能见到您真是太荣幸了！

米：少拍马屁！为什么不去采访达·芬奇那个糟老头，你们不是老说他厉害吗？

越：怎么听起来酸溜溜的？看来您很不喜欢他哟。是因为他出名比您早，脾气比您好，会的比您多，长得还比您帅吗？

米：切，我都懒得评论他。你去打听打听，他做了那么多东西，有什么东西真正地做成了？一个专搞烂尾的人！

越：哎，幸亏艺术只是他的业余爱好，他要是一生只做一件事，还有其他人什么事？

米：（横眉竖眼）什么意思？你是说，我一个专职的玩不过他一个业余的？

越：哪有哪有，您别误会！我是说，您老人家要么不玩，要玩就玩到无人超越，比他强多啦！

米：这是你认为，又不是官方认证，不算数！

越：那你们找官方当裁判，好好比一场！看看到底谁厉害！

米：别说了！我们比过。有一次，市政厅要画一面墙，我和他一人负责画一面，结果那糟老头又烂尾了，你说讨不讨厌？

越：别这么说。他不跟您比，是觉得您已经超过他了！

米：那糟老头亲口说的？

越：别一口一个"糟老头"的，人家好歹也是大师级别！

米：那又怎么样，我就是看他不顺眼，想打败他！

越：那您现在如愿以偿啦。

名人来了

就凭您的那个巨人《大卫》，您也已经是世界上最厉害的艺术家——（小声）之一了！

米：算你有眼光！那个足足花了我三年时间，可把我累坏了！

越：那您为什么不刻个小点的呢？

米：什么话？不投入时间、精力的东西，能叫艺术品吗？

越：您说得对。

米：哼，我费心费力弄了这么久，就是希望有朝一日摆在外面，让整个意大利的人来观摩观摩。结果那糟老头嫉妒，建议把它摆在屋子里面，你说气不气人！

越：嫉妒？他不是这种小心眼的人吧？应该是不想让您的作品在外面风吹雨淋，怕弄坏了！

米：他有这么好心？哼！反正我就是讨厌他！

越：那您喜欢拉斐尔吗？

米：那小子也不咋样，不是抄我的，就是抄糟老头的，抄来抄去，还抄出了自己的风格，抄出了名气，真行！

越：人家那叫学习。而且他对你们两个很崇拜噢。在他的代表作《雅典学派》里面，把你们两个都画进去了呢！

米：切，他就那幅画还勉强入眼。

越：瞧您说的，他现在每天接订单接得手发软，比您和达·芬奇还要受欢迎呢！

米：他那是钻空子。你想想，糟老头老搞烂尾，我脾气又不好，那小子脾气又好又勤快，别人当然愿意找他了！

越：那您改改您的坏脾气呗！

米：改什么改？受欢迎很好吗？每天应酬那么多，画那么多自己不想画的画，小心累死！——我现在不求别的，但求比他们长寿，哈！

越：……

（注：文艺复兴美术三杰中，拉斐尔寿命最短，米开朗基罗寿命最长。）

美第奇招生启事

本校由佛罗伦萨的名门望族——美第奇家族创建，在艺术圈影响巨大，先后培育了达·芬奇与米开朗基罗等大师级人才。若能进入本校镀金一次，是一件非常荣耀的事情。欢迎有志于为艺术献身的学子前来报考，成绩突出者可免学费。

美第奇美术学院

致伟大的艺术家们

为了让更多的艺术家专心创作，不为生计烦恼，表现优秀者，本家族愿赠送他一个庄园。若不喜欢打理庄园，可像多纳泰罗那样，直接将庄园每个月的收入折成现金。望大家积极投身艺术事业，创造出更多、更优秀的作品，为我们佛罗伦萨增光！

美第奇家族

与艺术家共进晚餐

尊敬的达·芬奇先生，应国王之邀来到法兰西。为了迎接他的到来，国王将于今晚在枫丹白露宫举行欢迎晚宴。请各位大臣准时参加，与伟大的艺术家共进晚餐。

法兰西贵宾接待处

第 8 期

〖1517年—1534年〗

马丁·路德和宗教改革

穿越必读

放眼古今中外，能以一生的事业，让世界改变的人，马丁·路德是其中之一。他发起的宗教改革，席卷了整个欧洲，不仅改变了基督教，也改变了整个西方文明。

教皇缺钱，兜售"赎罪券"
——来自罗马教会的特别快讯

（本报讯）大家知道，意大利出了这么多艺术家，都是教皇们花钱砸出来的。尤其是当代教皇，总是随身带着一支乐队，走到哪，演到哪。不到两年，教会的钱花得精光。

这时候，教会正在盖圣彼得大教堂，还把米开朗基罗和拉斐尔这些大家请来助阵。

没有钱，教堂就盖不成。教皇于是想出一个歪主意，向老百姓再次出售"赎罪券"。

什么是"赎罪券"呢？就是一张羊皮，上面印着一些赦免种种罪行的文字。当然，赦免的罪行越大，交的钱也越多。

教士们在教堂门口中放了一个大柜子，柜子旁边摆一堆"赎罪券"，向大家宣称，"只要大家把金币哐当一下丢进去，无论犯多大的罪，都可以得到上帝的赦免，进入天堂"。

听了这话，很多人都信以为真，纷纷购买。教会也因此赚得盆满钵满，富得流油。

来自罗马教会的特别快讯

自由广场

胳膊拧得过大腿吗

德意志某农民:捐钱捐钱,又是捐钱!教会要钱的花样可真多,今天盖教堂,明天过圣诞,其实就是想把钱装入自己的口袋!像我们德意志的皇帝,一年收税才一万多个金币,罗马教会一口气能搜刮三十万个!钱全都流入教会了,怪不得人家管咱们叫"教皇的奶牛"!

威尼斯某画家:那些主教口口声声要为上帝奉献,实际上每天都在吃喝玩乐,贪图享受,这样的人能帮助我们得到永生吗?

英格兰某羊毛商人:他们总是说,现在的日子不重要,信基督才会得永生。现在有书读,有钱赚,有什么不好!依我看,教会的这些说辞早就过时了,应该改革!

德意志某作家:怎么改?我们现在就一个教会,又没有其他教派,所有人都是基督徒,包括国王和皇帝。要是不听他的,能听谁的?

德意志某牧羊人:改什么改,胳膊拧得过大腿吗?你没见那些敢跟教会作对的人,不是被钉上十字架,就是被抓起来活活烧死吗?改下去又得流血,一切还是顺其自然吧!

世界风云

模范教士挑战教会

公元1517年10月,德国威登堡大教堂的门前热闹非凡——教皇又派人在这里出售赎罪券了!

这时,一个三十多岁的男人走出人群,在教堂门口贴了一张纸。人们走上前一看,大吃一惊。

原来,纸上一共写了九十五条,全都是反对出售赎罪券的。其中一条写道:"教皇是世界上最富有的人,为什么不用自己的钱来修建教堂,而要花老百姓的钱呢?"

"写得好!"人们觉得这些条文说出了大家的心声,于是抄下来,印成小册子,四处传诵,不到两个月的时间,轰动了整个欧洲。

如此一来,这个写出《九十五条论纲》的人就出了名。这个人叫马丁·路德,是一名神学教授。一直以来,他严于律己努力读书,用

世界风云

心修行，是个标准的"模范教士"。当他看到教皇向大家骗钱时，忍无可忍，于是贴出了这张《九十五条论纲》。

教皇知道后，大为恼火，立即派人给马丁·路德发了一纸命令，要求他立刻改正错误！

马丁·路德认为自己没有错，当着众人的面，一把火把教皇的命令烧掉了——这可是以前从来没有人做过的事情！

大家对马丁·路德佩服得五体投地，高喊着："路德万岁！""路德万岁！"支持他的人也越来越多。

教会的人吓坏了，让人对他进行审判，要求他在六十天之内悔过自新，停止一切活动。可马丁·路德才不怕呢，他坚定不移地说："我坚持我的观点，决不后悔！"他的气势震住了在场的每一个人，甚至还得到了一些人的支持。教皇无计可施，只好使出他的撒手锏——宣布开除马丁·路德的教籍，不受法律保护。

马丁·路德的贵族朋友担心他被害，把他偷偷地藏了起来。

马丁·路德没有灰心，趁这个机会，把《圣经》翻译成德文。这是《圣经》第一次有除拉丁文之外的其他译本。有了这个译本，日耳曼人就再也不用通过教士的嘴巴，可以自己阅读《圣经》啦！

世界风云

罗耀拉创建"耶稣会"

当越来越多的人加入新教时,罗马教会慌了。1534年,教会在巴黎成立了一个全新的组织,叫耶稣会,专门对付新教。

创立者是一个西班牙贵族,叫罗耀拉,曾经在军队当过兵。他认为,人们要求改革,是因为教士做得不够好。要想让教士转变,必须要像训练军人一样训练他们。

因此,罗耀拉像管理军队一样,管理耶稣会。他把自己称为"将军",把耶稣会称为"耶稣连队"。凡是加入耶稣会的教士,必须像军人一样,穿统一的衣服,遵守最严格的戒律,接受最严酷的训练,还要对会长和教会绝对忠诚,甚至"教会把白的说成黑的,也要跟着这么说"。

结果,罗马教会还真的悄悄地发生了改变——

以前到处散发的赎罪券不见了;以前的教士只会打呵欠、睡懒觉,现在天一亮,就起来传福音,照顾病人;学校的老师,也多是受过教育的传教士,语气温和,待人也十分友善。

他们办学校,建收容所,参加各种各样的活动,慢慢地,又得到了人们的尊重,很多人又开始相信罗马教会。

罗耀拉去世后,耶稣会的成员已经遍布全世界。

基督教徒可以结婚吗

编辑老师：

您好。我是一名修女。我有一个小秘密告诉您，最近我和一个神父相爱了，我们很想在一起生活。可是，罗马教会规定，教徒是不可以结婚的。

听说马丁·路德组织了一个新的教会，立了很多新规矩，其中有一条允许教徒结婚，这是真的吗？

如果是真的，为了以后的幸福生活，我们决定改信新教。

某修女

尊敬的修女：

您好！很高兴地告诉您，这个消息是真的。

马丁·路德的这个新教会，也就是"新教"，有很多做法和罗马教会不一样，比如，在《圣经》面前，人人平等，没有必要设立过多的教堂还有修道院，宗教仪式也不必太繁琐。

最关键的是，他支持基督教徒结婚，就连教皇也可以娶妻生子，大碗喝酒，大口吃肉。他自己也和一个修女结了婚，还生了孩子。

所以，现在越来越多的人脱离天主教，加入新教，成了一名"新教徒"呢！

（编者注：这次事件史称"宗教改革"，对全世界的基督教徒产生了深刻的影响。）

智慧森林

丢勒和《祈祷之手》

丢勒是德国最有名的一个画家，他的版画和油画一直很受人们欢迎。其中有一幅作品，叫《祈祷之手》，画的是一双合着的粗糙的双手。关于这双手，有一个十分动人的故事。

丢勒很小的时候，家里很穷，却有十八个孩子。父亲是一名冶金匠，每天要工作十八个小时，才能养活一家人。

丢勒和他的一个哥哥都很喜欢画画，都想去读书学习。可是，家里的孩子实在太多了，一下子供不起两个，怎么办？

两兄弟不愿父亲为难，私下讨论后，想出一个办法，用掷铜板决定输赢。赢的那个去读书，输的那个就去干活赚钱，供赢的那个读书。四年后，学成毕业的那个赚了钱，就支持在矿场的那一个去读书。

结果，哥哥输了，弟弟赢了。弟弟去了艺术学院读大学，哥哥去了危险的矿场干活。

智慧森林

丢勒知道自己的机会来之不易，学习十分刻苦，再加上画画很有天赋，到了毕业时，他的版画和油画已经出类拔萃，他能赚不少钱了。

当他学成归来后，家里人给他准备了一个宴会，给他庆祝。宴会快结束时，丢勒起身感谢哥哥对他的支持，说："现在轮到你了，亲爱的哥哥，我会全力支持你的！"

这时，哥哥却垂下头，流着眼泪说："我已经上不了大学了！"他把双手放到丢勒的面前，"你看，这四年来的工作，已经毁了我的双手，我现在连酒杯都举不起，怎么拿得动画笔和雕刻笔呢！"

丢勒看了哥哥的双手，也流下了眼泪。为了感谢哥哥所做的牺牲，他把哥哥粗糙的双手画了下来，并给这幅画取名为《双手》。

人们看到这幅杰作，知道丢勒和他哥哥的故事后，感动不已，为这幅作品重新取名为——《祈祷之手》。

名人来了

特约嘉宾 闵采尔（简称"闵"）

越越（简称"越"）

> 嘉宾简介：德意志牧师，一个伟大的改革家和思想家。他领导了德意志农民战争，渴望建立一个没有阶级差别、没有剥削和没有私有财产的"天堂"。这种思想如同黑暗中的烛火，给穷苦的人们带来了一线光明。

越：牧师，您好，您知道马丁·路德去哪了吗？

闵：哼，那个缩头乌龟！你找他做什么？

越：乌龟？您怎么这么说呢？他不是您的好朋友吗？

闵：好朋友？本人一介平民，高攀不起！

越：您不是还把他当老师看吗？

闵：那时候太年轻了，谁年轻时还没犯过错呢？

越：噢，看来你们之间出了大问题啊！能简单说说吗？

闵：简单点说，就是，"道不同，不相为谋"。

越：啊，你们不是都主张宗教改革吗？走的算是一条道吧。

闵：曾经算是。那时我不仅把他当好朋友，还把他当老师尊重。如果他始终如一，我会继续尊重他，追随他，可惜……

越：可惜什么？

闵：可惜他变了。自从他被抓，被一帮贵族朋友保护起来了后，他就成了贵族的代言人，一心想置我于死地。

越：啊？为什么？

闵：因为我一心想的是农民，他一心想的是贵族。想法不一样，想进行的改革能一样吗？

越：农民想怎么改？

闵：我们想要的是彻头彻尾的改革，不是你死就是我亡！而不是给教会挠痒痒！

越：这么激烈？那估计路德不同意，他不希望使用暴力。

闵：他太天真了！德国已经病入膏肓，不流血，不牺牲，能治好吗？

越：德国现在不是西班牙国王查理当皇帝吗？西班牙是当今世界最强大的国家，你们应该也跟着沾光啊？

闵：呵呵，沾什么光？德国照

名人来了

……样四分五裂，人们吃不饱，穿不暖不说，上面还有各大诸侯、骑士、教会几座大山压在头上，稍作反抗，就会丢了脑袋！

越：（吐舌）这么惨！

闵：我的父亲在我很小的时候，就被当地贵族杀害……唉，这种心情你没有经历过，不会理解的。

越：可能路德也没有理解。

闵：所以我跟他，注定要各走各的路。

越：您想走的是什么路？

闵：我想建立一个"天堂"，一个人人劳动，人人平等，没有剥削，没有压迫的世界。但这个"天堂"是需要人们拿起武器，才能努力得到的，而不是消极等待！

越：哇，您这种言论可是要杀头的！

闵：怕杀头，就不会闹革命！

越：噢，那这段日子闹得很凶的农民战争，估计您也很清楚吧？

闵：清楚，清楚得很。这个就是我一手策划的，全国差不多有三分之二的农民参加了吧！

越：这么多，声势浩大啊……

闵：我们的口号是，消灭一切统治者。当然，皇帝除外。

越：为什么？皇帝可是最高统治者。

闵：皇帝还是好的，只是下面的乱臣贼子，把这个国家搞得乱七八糟。

越：这点跟路德的主张有点像。他好像也没想过要动摇教皇和皇帝的地位……

闵：不要跟我提他了！这人已经彻底沦为贵族的奴隶和走狗！我相信，总有一天，穷人会翻身，我理想中的"天堂"一定会实现！

越：那让我们一起期待吧！加油！

（注：1525年5月，闵采尔战败被俘，壮烈就义，死时年仅36岁。）

广告贴吧

 辩论赛通知

辩论时间：1519年夏
参辩选手：约翰·艾克、马丁·路德
辩论地点：莱比锡
辩论主题：教皇至上还是《圣经》至上

（注：本次辩论以路德胜利告终。）　　辩论大赛组委会

《愚人颂》再版

　　著名学者伊拉斯谟的大作《愚人颂》自1506年出版以来，深受广大读者好评。该书把平平常常的普通人称为"愚人"，把法学家、哲学家这一类人称为"贤人"，以"愚人"的眼光看待"贤人"生活的方方面面，幽默生动，精彩绝伦。现再印一版，欢迎大家前来购买。

经典书坊

来见小荷尔拜因

　　德国画家小荷尔拜因是我的偶像。他的肖像画惟妙惟肖，无人能敌。听说他下个月要来瑞士做客，给伊拉斯谟画画。本人也想请他画一幅，留下自己的真实形象。若谁能帮我引荐，将非常感谢。

小荷尔拜因的铁杆粉丝

第9期

【1519年—1559年】

西班牙称霸欧洲

穿越必读

16世纪的西班牙,打败了法国和奥斯曼帝国,占领了美洲,扩大了帝国的殖民地,建立了一个强大的"日不落帝国",比后来的英格兰早了三百年,是整个欧洲无可争议的霸主。

顺风快讯

西班牙国王当上罗马皇帝
——来自神圣罗马帝国的特别快讯

来自神圣罗马帝国的特别快讯

（本报讯）1519年，欧洲传出一个爆炸性新闻——西班牙国王查理（史称查理五世）当选为神圣罗马帝国的皇帝了！

大家还记得奥地利的哈布斯堡家族吧？这些年这个家族以"要结婚，不要战争"为座右铭，通过和很多欧洲王族联姻，子孙遍及整个欧洲，势力也不断扩大。而查理就是这个家族的一员。

查理的外公是西班牙国王，爷爷是德意志国王。两位老人家一死，这两个王位就落入了他的手中。

除此之外，查理拥有的头衔还有——奥地利大公、那不勒斯国王、西西里国王、尼德兰国王等。

而现在，他又当选为神圣罗马帝国的皇帝！举目四望，整个欧洲再也找不出一个比他更有权势的人了！而这一年，查理才19岁。

自由广场

当国王遇上国王

德国某画家

你们知道吗?这次竞选的还有法国国王法兰西斯呢!这位国王可是个厉害角色,自从他当上国王后,国内什么大事都由他说了算。

这算什么?他还和教皇签了个约,规定以后法国的神职人员由国王任命,教会收入归国王所有,把教会都控制了呢!

法国某裁缝

西班牙某纺织工

那这次竞选他算是碰到对手了。这查理虽然年纪小,但家大业大的,随便扔几个钱,就把那帮选帝侯收买了,而且人家外公之前就是皇帝,根正苗红,哪里轮得到他?

法兰西斯去竞选,也是没办法的事。法国处于德国和西班牙之间,西班牙的国王当了德国的皇帝,法国不就被包围了吗?这事情确实很危险。

法国某挤奶工

法国某教徒

唉,法兰西斯只比查理大六岁,都年轻气盛,又都野心勃勃,还不知道会闹出什么事来呢!

世界风云

西班牙称霸欧洲

因为投资了哥伦布和麦哲伦的航海远行，西班牙成了欧洲首富。有些人一有钱就嚣张，西班牙也不例外，钱多到没地儿花，就瞄上了意大利。

这些年来，意大利的文艺事业虽然搞得红红火火，却一直没有统一，各邦国没事就互相拆台，打不过就找邻居帮忙。邻居们对意大利早就垂涎三尺，得了机会，就如同狼见了羊，纷纷往上扑。

最先打进意大利的是法国。可惜他们板凳还没坐热，就被西班牙和英、德等国联合起来，赶出了意大利。法国人不甘心，交手多次后，发现自己始终不是西班牙的对手，只好熄火停战。

战争到此结束了吗？没有。

查理当上西班牙国王的前一年，也就是1515年，法国换了个新国王，叫法兰西斯，比查理大六岁，很有骑士范儿，人称"骑士国王"。

两个国王年轻气盛，又都野心勃勃，很快又在意大利打了起来。一开始，查理财大气粗，请了一大批雇佣军，还请来英格兰军队当帮手，将法兰西人赶出了米兰。法兰西斯人单力薄，最糟糕的一次，还摔下马来，做了查理的俘虏。

世界风云

查理表示，只要法兰西斯同意不再攻打意大利，割给西班牙一小块地盘，就把他放了。法兰西斯也同意了。

但这回，查理上了个当。法兰西斯刚回到法国，就宣布和约作废，同时联合意大利的一些邦国，再次向西班牙宣战。

查理也不是吃素的，再次派兵攻入意大利，把法国和他的同盟打得落花流水。这一次，罗马城遭到有史以来最残酷的洗劫，就连教皇也被迫投降。法兰西斯只好再次宣布议和，放弃意大利。

从此，西班牙成了欧洲的"大哥大"。因为西班牙的领土跨越欧洲、北美洲、南美洲、亚洲，查理骄傲地把自己的国家称作"日不落帝国"，意思是，无论什么时候，太阳都会照耀在西班牙的地盘上！

苏莱曼兵围维也纳

法国虽然打不过西班牙，却给西班牙招来了一个更加强大的敌人——奥斯曼帝国。

奥斯曼帝国的苏丹苏莱曼（史称苏莱曼大帝）是个野心家，一直想征服欧洲。接到法国人的邀请书，一口就答应了。

1529年，苏莱曼率领十几万大军，先是攻占了匈牙利，接着又包围了奥地利的都城——维也纳。三百门大炮对着维也纳的城墙不停地轰炸。

维也纳的兵只有两万多人，大炮也少得可怜。尽管如此，维也纳军民还是拼死抵抗，硬生生地把敌人挡在了城外。

挺到十月，土耳其人终于受不了了。这时的维也纳已是冬天，寒风刺骨，土耳其士兵冻得手发抖，连武器都拿不住，大炮也全都受潮，哑火了。更糟糕的是，因为路途遥远，后勤没跟上，军队断粮了。没有粮食，还打什么仗？苏莱曼只好收拾收拾，撤兵回国。

从这以后，奥斯曼和西班牙展开了长时间的拉锯战。西班牙的海军强大，苏莱曼就收编了一批海盗，到处劫掠商船，攻击西班牙的舰队。西班牙无计可施，只好付出大笔金钱，与苏莱曼议和，并表示，以后在奥斯曼苏丹面前，只称国王，不称皇帝。

在苏莱曼统治时期，奥斯曼帝国横跨欧、亚、非三大洲，最大时，面积高达六百多万平方公里，成为人类历史上又一个地跨三大洲的大帝国。

智慧森林

"笑匠"拉伯雷与《巨人传》

这些年,法国涌现出许多伟大的作家,最值得一提的是拉伯雷。

拉伯雷的父亲是个法官,家里很有钱,童年过得无忧无虑。不过十几岁的时候,他被送进了修道院,成了一名修道士。修道院的生活刻板而又乏味,令他十分反感。于是他开始学习希腊文,希望多了解一些古代希腊和罗马的文化。可是,修道院反对学习古代文化,没收了他所有的书。拉伯雷一怒之下,换了个修道院。

幸运的是,新的修道院院长是他的一个老朋友,也很喜欢古代文化。拉伯雷跟着他出访了罗马,意大利等地,结识了不少学者,学习了哲学、数学、音乐、法律、考古、天文等方面的知识,成了一个博学多才的人。

1532年,法国的各地书店里,突然出现了一本新书,受到人们的热烈欢迎。一年后,这本书又出版了第二部,再次掀起了一股抢购热潮。

智慧森林

这本书写了什么？为什么会引起如此巨大的反响呢？

原来，这本书写了一个巨人，一生下来就声若洪钟，身材高大，每天要喝上万头母牛的奶，一件衣服就能用掉一家服装店的所有绸缎。出门玩一次，扫掉了路上所有的树，还在巴黎圣母院顶上，撒了一泡尿，一下子淹死二十多万人。

国王非常生气，于是给他请来两位老师。结果，他用了五年时间学会字母，而且越变越笨。没办法，国王只好给他请来了一位新老师。新老师让这位巨人服下一剂良药，清除了他头脑中的一切旧东西，才开始教他新的知识。在老师的教导下，巨人变成了一个体魄和心智上真正的"巨人"。

在这本书里，修道院的修道士可以结婚，可以自由来去，想做什么就做什么。因此，受到教会和贵族的歧视，被列为禁书。直到国王为此颁发了特许发行证，才终于出版，并标上了真正的作者大名——拉伯雷。

这本书一共五部，写了将近二十年的时间才写完，在这中间，又再次列为禁书。然而，这并不影响人们对它的喜爱。据说，这套书出版两个月，卖出的册数就超过了《圣经》九年的销售总量！

因为这套书给人们带来了无尽的笑声，人们尊拉伯雷为"伟大的笑匠"。

奇幻漂流

国王的烦恼

编辑老师：

　　您好。人人都说，我拥有这么多金钱、权力，应该很得意，很快活。可事实上，我有很多的烦恼。因为我要管的事情太多了。

　　我要不停地到欧洲各地巡视、打仗，还要抽空关心海外的领地。最让我头痛的是马丁·路德以及新教徒的那些事儿。因为事情发生在德国，我又是一名虔诚的天主教徒，教皇希望我出面解决。很多得罪人的事儿，都要我去做。

　　可马丁·路德的影响力太大了，德国的很多贵族都是他的粉丝。我一个西班牙国王，在德国本来没什么威信，能当上罗马人的皇帝，全都是依靠这帮贵族。我已经在尽力为教皇办事了，可他还是斥责我，教训我，我该怎么办呢？！

查理

尊敬的皇帝陛下：

　　您好。我明白您现在的处境。虽然你是天主教徒，但同时也是一国之君，新教徒也是你的臣民。如果像墙头草一样，时而倒向新教，时而倒向旧教，新教的人会说您偏心，旧教的人也不会再搭理您。

　　到底怎么办呢？说实话，我也不知道。如果可以的话，或许丢掉其中一个身份，才可能免受这样的煎熬吧。不过，您舍得丢下那么多的王冠吗？

编辑 穿穿

（注：1555年，查理宣布退位，把他的领土一分为二，一半交给弟弟，一半交给儿子，自己则进了修道院。）

嘻哈乐园

名人来了

特约嘉宾 查理五世（简称"查"）

越越（简称"越"）

> 嘉宾简介：西班牙国王，神圣罗马帝国皇帝（其他头衔略），一生有大半生在征战中度过。虽然他既没有统一德国，也没有打垮法兰西，更没有阻止宗教改革，但他仍然是16世纪欧洲最无可争议的霸主。

越：陛下，您好。

查：请对我说法语。

越：您不是西班牙人吗？为什么要说法语？

查：我只对上帝说西班牙语，对女人说意大利语，对男人说法语，对我的马说德语。

越：您是在跟我显摆，您会多种语言，多才多艺？

查：这也算显摆？我统治这么多地方，不会多种语言的话，岂不受人欺负？

越：还有人敢欺负您吗？

查：当然有了。比如议会，要是我不听话，他们就不会承认我是国王。

越：这样也不错，有议会监督，不用担心犯大错。

查：有什么好！国家大事应该由国王一个人说了算！

越：您地盘这么大，事儿这么多，全都您一个人说了算，不累吗？

查：累啊！所以我现在不干了！哈哈！现在我既不用打仗，也不用看任何人的脸色，想做什么就做什么，多好！

越：那您现在都做些什么呢？

查：比如玩玩钟表，和我的御用画师提香聊聊天啦……

越：威尼斯著名画家提香，我知道。听说您亲自为他捡画笔？

查：世界上最伟大的皇帝都应该服侍他。就他的绘画天才而言，没有人能跟他相比。

越：达·芬奇也比不上吗？

查：达·芬奇比不比得上，你要问法国国王法兰西斯，

名人来了

他才是达·芬奇的粉丝。

越：我知道，他不仅给大师免费提供城堡，还常常放下国王之尊，听他教导。

查：这都是小儿科，你知道吗？他还想把达·芬奇的壁画《最后的晚餐》运回法国呢！

越：真的吗？如果真能运过去，那可真是太牛了！

查：（不以为然）牛什么牛，附庸风雅罢了。

越：这也是推广艺术嘛，我觉得挺好。

查：那你知不知道，达·芬奇死在他手里？

越：啊？

查：（坏笑）我的意思是，死在他的怀里。

越：啊，吓我一跳。

查：哈哈！不管怎么说，这人打仗不行，艺术天赋还是有的。

越：听说他家里摆满了很多大师的名画和雕塑，还建了个很有名的宫殿——枫丹白露，请来参与建设的都是大咖！

查：这没什么大不了。一个人对自己喜欢的东西，总是会愿意花时间，花精力。比如我吧，我现在最爱的就是钟表，要我一天到晚对着它们都可以。

越：能做自己真正喜欢做的事情，确实不错！

查：玩了这么多年的钟表，我算是明白了一件事情。

越：什么事？

查：就算是再精确的钟表，也不可能让每一个地方的时间分毫不差。世上的人千千万，怎么可能让这么多人，同时信仰同一宗教呢？

越：您说得太对了。如果您早点这么想，就不会有这么多仗打了。

查：现在我已经退位了，谁的国家就信谁的宗教吧。我不想管，也管不着啦。

越：就是，说不定也是件好事呢！

广告贴吧

出售司法官职

你想洗刷掉卑微的平民身份吗？你想成为拥有特权的贵族吗？

因国家财政困难，现决定出售巴黎高等法院除法官外的一部分职位。机不可失，时不再来噢！

法兰西额外收入局

出租葡萄庄园

本人有一处葡萄庄园，共 50 亩，内有溪水常流，自然环境好，交通方便。因常年在外打仗，无暇打理，现决定将庄园出租，租金以及租期面议。

奥斯曼某骑兵

买火绳枪，到官方火枪坊

本店为西班牙官方指定的唯一火枪坊，制作的火绳枪可以轻轻松松地打穿骑士的盔甲，威力强大，是意大利战争中的制胜法宝！质量绝对可靠，欢迎有需要者前来定购。

神奇火枪坊

交易所活动公告

明天下午，本交易所将举行一场商务交易活动。本次活动将公布最新的商品信息，以及最可靠的和最不可靠的商人信息。活动向世界所有商人开放，欢迎大家前来参加。

安特卫普（今属比利时）交易所

智者为王 第 3 关

1. "美术三杰"是指哪三位?
2. 达·芬奇最喜欢自己的哪幅画?
3. 哪件雕塑是米开朗基罗最有名的代表作?
4. "美术三杰"中谁最年轻?
5. 《君主论》是谁的作品?
6. 罗马教会发布免罪券,是为了修建什么教堂?
7. 《祈祷之手》是哪位画家的作品?
8. 以前的尼德兰包括哪两个国家?
9. 马丁·路德的圣经翻译是参照哪位学者的版本?
10. 除拉丁文外,《圣经》的第一个版本是什么语言?
11. 最先称作"日不落帝国"的是哪一个国家?
12. 16世纪最有权势的欧洲君主是哪位?
13. 维也纳被围时,土耳其的苏丹是哪位?
14. 被称为"笑匠"的是哪一位法国作家?
15. 西班牙在意大利战争中靠什么武器,打败了法国?

智者**无敌** 王者**为大**

第10期

【1525年—1547年】

英格兰的头等大事

穿越必读

在德国宗教改革的影响下，英格兰也进行了一场轰轰烈烈的宗教改革。宗教的革新，土地的易手，手工工场的兴起，标志着一个新的资本主义时代即将来临……

顺风快讯

国王的头等大事
——来自英格兰伦敦的加急快讯

来自英格兰伦敦的加急快讯

（本报讯）1527年，英格兰爆出一个消息——国王亨利（史称亨利八世）向罗马教皇提出申请，要求和自己的王后离婚！这是怎么回事呢？

原来，当年老国王（指亨利七世）打赢玫瑰战争后，为了和大国西班牙搞好关系，让亨利的大哥也就是太子，和西班牙公主结为夫妻。没想到结婚第二年，新郎官就染上重病死了。

老国王不想丢了这么一门好亲事，又把西班牙公主嫁给了自己的次子，也就是当今国王亨利。

在老国王的努力下，英格兰成为欧洲最繁荣的国家之一。

亨利娶了自己的嫂子后，虽然生了五个孩子，却只有一个女儿活了下来。没有儿子，谁来继承自己的江山呢？

亨利十分苦恼，思来想去，觉得是因为自己娶了自己的嫂子，上帝在惩罚他。于是，亨利认为这位王后不合法，要与她离婚。

可是，按规定，国王离婚、结婚都必须经教皇批准。可亨利等啊，等啊，等了一年又一年，就是等不到教皇批准的信儿。

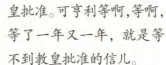

那亨利的婚到底离不离得了呢？

自由广场

英格兰的事英格兰人作主

某财务官

教皇为什么不批准国王离婚？堂堂国王，竟然连结婚离婚的自由都没有了吗？

教皇也有自己的难处。王后是西班牙的公主，是查理（指查理五世）的姨妈。有查理撑腰，教皇怎么敢批准呢？要是得罪了查理，恐怕连他自己的宝座都坐不稳了！

某神父

某工场场主

教会自己都管不好，凭什么管我们英格兰的事！我们的国王至高无上，为什么要被一个外国人指手画脚？我支持国王离婚，不要听那外国佬的！

这国王生不出儿子怎么能怪王后呢？其实是他变了心，爱上了王后身边的侍女，才要闹离婚的！有了新欢就丢旧爱，这国王也够无情的！

某贵族夫人

世界风云

为离婚，英王创建新教会

教皇不同意离婚，亨利十分生气。这时，有个大臣跟他建议说："既然教皇不同意，那我们就跟他绝交吧。由陛下您亲自来管理自己的教会，想做什么就做什么。"

亨利听了，有点犹豫不决。

那人又跟他算起了一笔经济账："要是与教皇决裂，不但可以离婚，以后还不用向教会送钱了，而且每一个教徒的钱，都可以归王室所有，岂不一举两得？"

又有自由又有钱赚，亨利越听越心动，当即大腿一拍："好，就这么干！"

1534年，英格兰议会宣布：国王是英格兰教会独一无二的首脑！从今以后，英格兰所有的教会都归国王管理，所有的基督教徒都听国王的，主教们应该做什么，不应该做什么，必须听国王的，不用再服从教皇。——这可是别的国王从来没做过的事！

从此，英格兰有了属于自己的教

世界风云

会。因为这个教会教皇管不着，所以又被称为"英格兰国教"。

1533年，亨利自作主张，和王后离了婚。

这无论是对西班牙来说，还是对罗马教会来说，都是一种侮辱。没多久，教会就把亨利开除了教籍。

但亨利这回是吃了秤砣——铁了心。他说："哪怕教皇开除我的教籍一万次，我也不在乎。我要向所有国王证明，教皇的力量是多么微不足道。"

接着，他又解散了所有英格兰的修道院和修女院，没收了他们的财产。亨利的这个做法，得到很多人的支持。因为这些财产并没有落在国王手里，而是被拍卖给了其他人。而那些反对新教的人，统统被冠以叛国罪，处以死刑。据统计，被国王处死的人不计其数，一共有七万多人。

有了自己的教会，亨利想做什么就做什么，再也不用听教皇的了！

之后，亨利一连娶了五个王后，结了又离，离了又结，加上第一个，一共是六个。王后们有的病死，有的被他砍了头，几乎没有一个有好下场。

世界风云

有钱人的秘密

你听说过这样一个故事吗?

很久很久以前,世界上只有两种人,一种是勤快人,一种是懒人。勤快人呢,每天都努力奋斗,又聪明,又会理财,慢慢地,变成了有钱人。懒人呢,好吃懒做,又铺张浪费,结果变成了穷人,只能给有钱人打工。

真的是这样吗?当然不是。

本报采访了英格兰的一些有钱人,他们大多是一些手工工场场主,让我们来看看,他们的财富是怎么来的。

这些年,很多人穿上了呢绒做的衣服。这些衣服比皮毛更容易获得,比丝绸更便宜,很受人们欢迎。

商人发现了其中的商机,开始大量生产呢绒。一开始,他们和往常一样,先去市场上购买一批羊毛,然后把这些羊毛分发到农村的各个小作坊,纺成毛线。之后,商人们又把这些毛线分给另外一些小作坊,织成呢绒。最后,再把呢绒拿去给另一个小作坊染色、包装。

这些小作坊把活儿干完后,都能从商人那里领到一笔加工

世界风云

费,干活的人实际上是他们的雇佣工人。而商人们收到呢绒后,拿到市场上卖,能赚上一大笔。这样的呢绒在英格兰很受欢迎,商人们的钱也像滚雪球一样,越赚越多。

慢慢地,他们觉得,这些小作坊实在过于分散,效率太低,不方便管理。怎么办?

这可难不倒他们。他们花钱购买厂房,把各种生产工具、原材料搬进厂房,然后又花钱把工人请进来,集中干活,这样,一座新型的集中的大型手工工场就形成了。而商人们也摇身一变,成了工场场主,也就是资本家。

工人们集中在一起,依照工序,分工合作,生产效率大大提高。其他行业,比如冶金、造船、玻璃、肥皂等,也都依葫芦画瓢。一时间,各种各样的手工工场像雨后春笋般,遍布欧洲的各大城市,多则上千人,少则几十人。

据了解,伦敦有一家规模宏大的纺织工场,光纺工、织工和助手就有六百多人,另有梳毛工、理毛工两百多人,修整工五十人,染色工四十人,等等。

因为这种方式,可以生产出更多、更好的产品,慢慢地,越来越多的人穿上丝绸衣服,用上了瓷器,窗户也换成了玻璃的,而这些在以前,只有达官贵人才能享用呢!

世界风云

圈地运动,一场羊"吃"人的惨剧

在人们的印象中,绵羊是一种温顺的动物,吃一点点草,就可以满足。但是,最近有人却告诉我们,英格兰发生了羊"吃"人的惨剧,千千万万的农民被羊给"吃"了。这是怎么回事呢?

原来,这些年,英格兰的制呢业越来越发达,需要的羊毛也越来越多。羊毛出在羊身上,一些养羊人率先发家致富。地主们发现,养羊比种地划算多了,也开始养羊。

要养羊,必须要有大片的土地当牧场。一开始,他们只是把一些公用的土地圈起来当牧场,当牧场不够用的时候,便把目光盯向了农民的土地。

一场大规模的圈地运动就开始了。

他们派打手闯进农民的家里,嚷着:"这块地是我和祖上租给你们的,现在我们要把土地收回去了!"

"为什么啊?"

"因为羊比你缴的地租还要值钱。"

有的甚至为了把农民赶走,一把火烧毁了村庄。

一时间,英格兰几乎所有的农田被围上篱笆,改成了牧场,养上了羊。

世界风云

农民失去了土地，被迫离开了生养他们的土地。他们拖儿带女，身无分文，不得不到处流浪、乞讨。

他们来到城里，向国王和政府请求帮助。可国王却和地主、贵族们串通一气，强迫他们去牧场、农场和手工工场做工，否则就以危害治安的罪名，把他们抓进监狱，烙上火印，让他们成为永远的奴隶。

可怜的农民被迫变成了工人，每天清晨五点要开始工作，直到晚上八点才收工。一天要工作长达十五个小时。尽管这样，他们拿到的工资还是少得可怜，根本养不活全家。

一些农民们活不下去，忍无可忍，拿起武器奋起反抗。可国王的军队都是花钱请来的，个个身经百战，农民们没有作战经验，哪是雇佣军的对手。

就这样，一批又一批的农民倒了下去，而资本家的财富却越来越多，越来越多……

嘻哈乐园

奇 幻 漂 流

乌托邦在哪里？

编辑老师：

您好。最近，我听说有这么一个地方——

在那里，所有的人都穿同样的衣服，吃同样的饭，开同样的车，住同样的房，用同样的劳动工具。每一个人，不分男女，都要进行劳动——因为劳动是一种义务，也是一种光荣。每人每天只要劳动六个小时，就足够，其他的时间用来做别的事情。

那里的人视金钱如粪土，所用的日常用品都是一些普通的陶器、玻璃器等，而黄金白银，用来做成便桶和垃圾桶。

老师，世界上真的有这么一个地方吗？如果有，它在哪里呢？

一个想过上好日子的英格兰农民

这位农民兄弟：

你好。你说的这个地方叫"乌托邦"，听起来，的确是一个幸福的、理想的地方。不过，很遗憾地告诉你，这个地方并不存在。因为这只是大作家托马斯·莫尔写的一本书，书中的一切只是作家的想象。

莫尔先生曾经当过律师，接了很多关于圈地运动的案子。这些案件中的农民，很多像你一样，不是四处流浪，替人打工，就是成为强盗土匪。

他很想为农民们做点什么，所以把自己对社会的希望，全部写进了这本书里。不过，即使在这样一个地方，一旦犯了事，任何人都有可能沦为奴隶。

虽然生活并不容易，但请记住，在这个世界上，还有很多正直、善良的人在关心着你们。挺过去，日子一定会好起来！

名人来了

特约嘉宾

托马斯·莫尔
（简称"莫"）

越越
（简称"越"）

> 嘉宾简介：英格兰首席大法官，欧洲著名的空想主义者。他才华横溢，风趣优雅，同时刚正不阿，不畏强权，经常为人们主持公道，在英格兰很有名望。《乌托邦》是他最有名的一部作品。

越：莫尔爵士，您好。没想到我们会在伦敦塔见面。

莫：嘿嘿，塔里的风光不错吧？

越：（笑）哈，还行，就是太黑。——这里可是关押重要犯人的地方，您怎么关进来了？

莫：因为我反对国王不经教皇批准，就擅自离婚。

越：天啊，您竟然敢跟国王唱反调，不怕杀头吗？

莫：怕？当年老国王以嫁女为由，要求国会支付一笔巨款，我都敢反对，那可是英格兰人都知道的事情。

越：当年您才26岁，胡子都没长出来，那是"初生牛犊不怕虎"而已。

莫：现在也一样。

越：这亨利国王不是和您关系挺好的吗？当年您被老国王逐出议会，还是他一手提拔您，让您成了英格兰一人之下万人之上的人物。

莫：那是因为我对他有利用价值。假如我莫尔的人头，会让他得到一座法国城池，相信我，我的人头马上就会落地。

越：这么不讲情面？我不信！

莫：那您相信，十年前，我们一起反对新教，一起写书抨击路德，教会称他为"信仰卫士"，十年后，这位"信仰卫士"会跟教会翻脸吗？

越：陛下那张脸，翻起来确实比翻书还快。

莫：一个对老婆、对教皇都可以马上翻脸的人，我区区一个大臣，对他来说，又

名人来了

算得了什么呢？

越：既然如此，那您还是乖乖听话，别跟他作对了。

莫：让我认同他的"英格兰国教"，分裂教会？这个我办不到！

越：这不是为了活命吗？您看，国王陛下多会变通，教会不让他离婚，他就干脆脱离教会，改信新教。

莫：他是他，我是我。而且你以为他真的想变成新教徒吗？他只是想把教皇踢走，不想被人管而已！这就是真相！

越：啊？

莫：一旦教会分裂，国家动乱，受苦的是谁？还不是老百姓？！

越：哦，原来您反对国王，是担心百姓受苦。

莫：现在的英格兰，很多老百姓过得还不如羊圈里的羊！经不起这么多的折腾了。

越：可惜，陛下高高在上，根本看不到这些。

莫：也许没看到，也许是装没看到。不管怎样，我没有犯罪，就不会向任何势力屈服，包括国王陛下！

越：如果您不顺着他，以国王的为人，小心他捏造一个罪名出来，整死你！

莫：这是他的英格兰，不是我的"乌托邦"。他想怎么样都可以，我已经不在乎了。

越：不过我告诉您一个好消息，您的刑罚已经从轻判了。

莫：噢，我可以出去了？

越：（尴尬）不是，是判为斩刑了。

莫：哈哈，谢谢陛下的恩德。希望我的亲人和朋友，以后不要得到这种恩宠吧。

越：唉。

（注：1535年，亨利八世以叛国罪处死了莫尔。）

广告贴吧

逮捕令

　　西班牙医生塞尔维特到处散播歪理邪说，被关入大牢后，又越狱逃跑。据了解，此人正在逃往日内瓦共和国（欧洲第一个新教掌权的共和国）的路上。希望日内瓦的人们发现有关线索后，及时通知我所。本所将不惜一切代价，将他捉拿归案。

西班牙宗教裁判所

（注：塞尔维特被日内瓦的"教皇"加尔文逮捕，活活烧死。）

关于流浪者的部分规定

　　凡我大英子民，若接连一个月内无所事事，四处流浪，一旦被人告发，将判为告发者的奴隶。若不服管教，逃亡14天以上，则被判为终身奴隶，主人有权用锁链和皮鞭强迫其劳动；逃亡3次以上，则被处死。

英格兰流浪者管理处

沉痛吊唁好友莫尔

　　伟大的作家莫尔逝世了。他的灵魂比白雪还要纯洁，他适合于任何一个时代。在英格兰，再也不能出现他这样的天才了，而且将来也不会再有。我们将永远怀念他。

伊拉斯谟

第 11 期

〖1553 年—1605 年〗

囚徒与女王

穿越必读

亨利八世之后,英格兰出现了一位贤明的女王,在她长达半个世纪的统治中,英格兰不但成功地保持了统一,还击败西班牙舰队,成为欧洲最强大、最富有的国家之一。英格兰人把这一时期叫做"黄金时代"。

顺风快讯

"血腥玛丽"与她的丈夫
——来自英格兰伦敦的秘密快讯

来自英格兰伦敦的秘密快讯

（本报讯）亨利国王有过六个王后，却只生了两个女儿，一个儿子。大女儿是第一个王后生的，小女儿是第二个王后生的，儿子是第三个王后生的，比两个女儿小得多。

亨利死后，让儿子继承了王位，因为他认为，男人比女人更会治理国家。可是这个儿子很短命，不到十六岁就死了，没有留下子女。没多久，王位传到了大女儿玛丽手里。

当年，亨利国王为了和玛丽的母亲离婚，与罗马教会决裂，因为这个，玛丽对新教深恶痛绝，烧死了很多人。人们给她起了个外号，叫"血腥玛丽"。

玛丽的丈夫腓力（史称腓力二世）是西班牙国王，也就是查理五世的儿子，也是一个狂热的天主教徒。

夫妻俩"夫唱妇随"，如果有人不相信天主教，就会被他们当作恶人、"异端"，关进监狱狠狠地折磨，甚至烧死。

人们对这对夫妻恨之入骨。玛丽死的时候，英格兰人还都跑向街头，大肆庆祝呢！

世界风云

这个女王不一样

玛丽死后,因为没有后代,王位就传到了妹妹伊丽莎白(史称伊丽莎白一世)的手上。

伊丽莎白从小聪明过人,长了一头浓密的红头发,先王很喜欢她,给她请来一大批学者,教她念书。因此,伊丽莎白学识渊博,还会讲多种外语。

不过,因为伊丽莎白的母亲是在教皇没有批准的情况下和国王成婚的,因此,天主教会把伊丽莎白看作私生女,伊丽莎白也对天主教会十分厌恶,是新教的支持者。

玛丽女王生怕这个妹妹会篡夺自己的王位,把她关进了伦敦塔,直到玛丽死后,才放出来。

伊丽莎白当上国王后,立即发布了一个命令,重新恢复新教为英格兰国教,国王是最高的宗教领袖。

教皇一怒之下,开

世界风云

除了伊丽莎白的教籍。但伊丽莎白才不在乎呢,干脆正式宣布,从此与罗马教会一刀两断,互不来往。

国内的天主教徒为此忧心忡忡,担心女王报复他们。

意外的是,女王什么也没做,还安抚他们说:"放心,只有一个耶稣基督,这是唯一的信仰,其他都是小事。"

虽然她是个女人,但她比大部分男国王还要能干。她不问门第出身,唯才是举,提拔了很多不是贵族出身却很有才能的人,因此,很多新兴的商人和贵族都愿意支持她。

和男国王一样,女王也想让英格兰成为欧洲老大。可是,现在的老大是西班牙,要钱有钱,要人有人,如果明着对抗,肯定不是它的对手。怎么办?

——那就来暗的呗!女王给一些海盗颁发许可证,允许他们在海上抢劫,抢到的东西一块分。海盗们得了"圣旨",摇身一变,

世界风云

成了大英皇家海盗，没事就去抢西班牙的船。有一次，光金子就抢了五箱，花了整整四天，才把全部战利品装上船。

有个叫德雷克的海盗，打不过西班牙人就跑，结果意外地发现了一个新的海峡，为英格兰开辟了新航路。从此，太平洋再也不是西班牙的海。

尽管西班牙人气得牙痒痒，一再抗议，女王始终睁一只眼闭一只眼，不予理睬。据了解，女王每在海盗身上花一个英镑，就能得到四五十个英镑，有这么高的利润，她怎么可能放弃呢？

就这样，女王的腰包鼓了，英格兰的国力也大大加强了。不管大事小事，女王都处理得井井有条，英格兰上上下下没有一个不佩服她的。

世界风云

女王杀了女王

公元 1587 年，英格兰传来一个惊人的消息——伊丽莎白女王把另一个女王杀了！

被杀的这位女王也叫玛丽（注意，不要与英格兰的玛丽女王混淆），原本是苏格兰女王，因为生活作风不够检点，十几年前被人废掉王位，赶出了苏格兰。可怜的玛丽无路可逃，只好投靠自己的表亲——伊丽莎白。

她哪里知道，因为她是一个天主教徒，有罗马教会的支持，又是英格兰的王位继承人之一，长期和伊丽莎白作对，伊丽莎白早就看她不顺眼了。

因此，她的脚刚踏上英格兰，就被伊丽莎白找了个理由关了起来。这一关，就是将近二十年。

伊丽莎白年轻貌美，向她求婚的人很多，包括她的姐夫腓力。但伊丽莎白没有结婚的打算，于是拒绝了这些人的追求。

腓力觉得很丢脸，又想到英格兰的海盗总是劫掠西班牙的船只，气不打一处来，想教训一下这个臭丫头。

他派人收买玛丽说，如果她愿意和西班牙一起对付伊丽莎白，就让她做英格兰女王。玛丽正好也有这个野心，两人一拍即合。

可不知怎的，这个阴谋很快被伊丽莎白知道了。玛丽还没来得及行动，就被伊丽莎白先下手为强，抓进了监狱，最后以叛国罪为由，送上了断头台。

海盗将军大败无敌舰队

伊丽莎白砍了玛丽的头,腓力气得吐血,于是花了一大笔钱,组织了一支庞大的舰队。这支舰队大约有一百多艘大船,三千多门大炮,名为"无敌舰队",意思是没有人能是它的对手。

公元1588年5月,无敌舰队杀气腾腾地驶向英格兰,还口口声声说:"要把伊丽莎白丢到海里淹死!"

英格兰人听到这个消息,无不惊恐。整个欧洲的人也替他们捏了一把冷汗——与无敌舰队相比,英格兰的船大部分是海盗船,小得可怜,西班牙人根本没把它们放在眼里。

不过,小船也有小船的好处,既轻快又灵活,海上浓雾迷漫,正是打游击的好地方。

英格兰的指挥官德雷克当过海盗,与西班牙海军交手过多次,知道他们实力强大,也不正面交战,带着这些小船东打一下,西打一下,

世界风云

一次只攻一条船。若是不小心被对方发现，立即调转船头，迅速逃离。西班牙被他们这种打法折腾得筋疲力尽。

一天夜里，英格兰人趁西班牙人熟睡之际，开着几艘旧船，悄悄地向无敌舰队驶过去。在将要靠近无敌舰队时，他们将船上的火药点燃。这些船都是用木头做的，很快"呼呼"地烧成一片，不大一会儿，就成了一片火海。西班牙士兵从梦中惊醒，也顾不上迎战，大家逃的逃，散的散，烧死的，踩死的，淹死的，不计其数，那情景，真是惨极了！

逃走的舰队还来不及喘气，更不幸的事情发生了，海上突然刮起一阵"妖风"，把舰队吹得七零八落，船只散的散，沉的沉，五千多名士兵葬身大海，最后回到西班牙的，只有六十多艘船。

令人惊奇的是，英军的损失却出奇的小，不但没有丢掉一艘船，战死的士兵也不到一百人。

不可一世的西班牙被打败了！女王一高兴，把海盗们收了编，整成了皇家海军，平时当海盗，打仗时当军人。自此以后，西班牙不再是海上的霸主。而英格兰不仅还清了以前所有的债务，还取代西班牙，成为欧洲最强大的国家之一。

谁说女子不如男？女人治理国家，一点都不比男人差呢！

自由广场

女王为何不结婚

某枪炮工匠：我们的女王也是一把年纪了，为什么现在都不结婚，听说她的求婚者可是数不胜数啊！难道她有什么难言之隐吗？

某挤奶女工：这些求婚者个个都是有目的而来的，谁是真心爱女王的呢？他们想的不是女王，而是英格兰。就像玛丽女王，她虽然嫁给了西班牙国王，可那腓力根本就没在英格兰生活过，对一个女人来说，不是个悲剧吗？

某钟表匠：一个国王，她的婚姻可以不美满，但必须让臣民有安全感。女王的婚姻，不是她一个人的事，而是整个英格兰的事。慎重点也是必需的。

某法兰西大使：万能的上帝开天辟地只用了六天，可女王陛下过了这么久都还没拿定主意嫁给谁，未免慎重得太久了点。

某乡村绅士：不管怎样，我们希望女王早点结婚生子，找到自己的幸福，也为我们英格兰早日诞下继承人。

莎士比亚：文字的魔术师

在英格兰，有一位比女王还要出名的人物，他既不是航海家，也不是大富豪，而是一位剧作家，叫莎士比亚。

莎士比亚从小就爱看戏。小小的舞台，几个演员，就能表演一出很精彩的故事，让莎士比亚十分着迷。不幸的是，由于父亲经商失利，莎士比亚只上了六年学，就退了学。

有一次，他跑到一个大财主的土地上打猎，结果被管家发现，挨了一顿打。莎士比亚于是写了一首打油诗，讽刺那个大财主。结果，这首诗传遍了整个乡村。大财主无论走到哪里，总有人用那首诗嘲笑他。大财主很恼火，总是找他的茬，莎士比亚只好离开家乡，去伦敦避难。

为了方便看戏，莎士比亚到剧院找了份工作，替观众照看马匹。因为他做事又细心又周到，观众都愿意把马匹交给他。莎士比亚忙不过来，还找了一帮小孩来帮忙。在这期间，他看了很多书，偶尔还登上舞台跑跑龙套。

那时候的剧院，舞台很小，设施也十分简陋，没有屋顶，没有布景，故事发生的地点在房间，就挂上块牌子，上面写着"这在房间"，在森林，就在牌子上写上"在森林"。最好玩的是，因为女人不能当演员，女人的角色，通常也是由男人扮演。

在这种情况下，剧本的好坏就十分重要，如果一个戏不吸引人，就会立刻停演。

智慧森林

一开始,莎士比亚只是将别人写得不太好的剧本改写一下,结果演出之后,很受人们欢迎。从此,他就开始专心创作剧本了。

他把那些古老的故事改成戏剧,创作出大量精彩感人的作品,比如:《哈姆雷特》《威尼斯商人》《罗密欧与朱丽叶》等。这些剧本在各地,甚至宫廷不停地上演,像魔法一样,吸引了一拨又一拨的观众。

见自己的戏剧这么受欢迎,莎士比亚又开始投资剧院,又做股东又做演员,赚了很多很多的钱,还得到了世袭贵族的称号。

莎士比亚功成名就后,回到了家乡,死后葬在一个乡村小教堂。人们觉得,这样的大作家,应该配得上更好、更体面的教堂,于是想把他的遗体迁走。可是,莎士比亚的墓碑上,却写了这么一句话:"朋友,看在上帝的面子上,请不要动我的坟墓,破坏者会遭到诅咒,保护者会得到祝福。"

这句话是不是莎士比亚写的呢?为什么要这么写呢?没有人知道。但后来,确实没有人敢动他的坟。

奇幻漂流

如何入主巴黎

编辑老师：

你好。我是法兰西波旁王朝的创建人亨利国王（史称亨利四世）。这三十年来，法兰西的新教教徒和天主教徒一直水火不容，光打仗，就打了八次以上（史称法兰西宗教战争），人们流离失所，日子过得苦不堪言。最后，是我幸运地得到了法兰西王位。

我的梦想是，让每个法兰西农民的餐桌上都有一只鸡。

但是，我现在面临一个大问题，法兰西人不欢迎我，不愿意为我打开巴黎的大门。我该怎么办呢？

亨利国王

尊敬的国王陛下：

您好。法兰西人为什么不欢迎您？原因很简单，法兰西百分之九十以上的人都是天主教徒，怎么会接受一个新教徒的统治呢？

要想进入巴黎，实现您的梦想，您必须做出一些让步。具体怎么做，我觉得英格兰女王伊丽莎白的做法很值得借鉴。

一个国王，要有海一般宽广的胸怀，既能容纳意见一致的人，也能允许不同的声音存在，让每个人都享有信仰的自由，既不偏袒一方，也不仇视另一方，大家和平共处，享有共同的权利。同时，为了避免国家分裂，选择大多数人信仰的宗教为国教。这样一来，既能赢取民心，又能避免不必要的伤亡，一举多得。

（注：为入主巴黎，亨利四世改信天主教，并宣布天主教为国教，同时给予信仰新教的自由。在他的努力下，法兰西人的生活水平显著提高。亨利四世死后，法兰西人都痛哭不已。）

名人来了

特约嘉宾

伊丽莎白·都铎
（简称"伊"）

越越
（简称"越"）

> 嘉宾简介：英格兰和爱尔兰女王，都铎王朝的第五位（也是最后一位）国王。终身未嫁，为英格兰贡献了自己的一生，人们把她视作英格兰的荣光，称她为"童贞女王"。

越：尊敬的女王陛下，您好。我想替您的子民冒昧问一下，为什么您一直都不结婚呢？

伊：（微笑）我已经结婚了。

越：啊？是谁？看来我的消息不太灵光啊。

伊：（微笑着举起手中的结婚戒指）我已经有了一个丈夫，那就是英格兰。

越：哦，为了国家，您愿意放弃自己的爱情、子女和家庭？

伊：是的，甚至是我的整个人生。

越：您是因为从小受的伤害太大，所以才排斥结婚这件事吗？

伊：有一点吧，我的父王为了生个儿子，结了六次婚，我和姐姐从小被人当作私生女看待，遭遇很可怜的。

越：您跟令姐同病相怜，关系应该不错吧？

伊：我虽然是她同父异母的妹妹，但也是她最大的威胁。她没把我杀了，已经是对我最大的仁慈。

越：令姐也是个不幸的人，小时候被父亲冷落，嫁了人又被丈夫冷落，唉！

伊：这一切，都是不幸的婚姻带来的。无论是嫁给天主教徒，还是新教教徒，都会把国家搞得鸡飞狗跳，不如不嫁，还落个清静。

越：但是那么多国家的国王和王子向您求婚，您不答应，岂不是会得罪他们吗？

伊：我要是选了其中一位嫁了，才是真正地得罪人。相反，我要是谁也不嫁，

名人来了

所有人都会觉得还有希望，反而会善待英格兰。

越：那您是在吊胃口？

伊：一种策略而已。一个女人要当国王，必须考虑得更周全些，否则，就会像我家的两个玛丽女王一样，落个悲惨下场。

越：您不说我差点忘了，苏格兰女王也结了三次婚。

伊：她刚出生六天就当了女王，却因为任性妄为，胡乱结婚，一手好牌打得稀烂，可惜可惜。

越：还真是"男怕入错行，女怕嫁错郎"啊。

伊：归根结底，还是太蠢了。一个国王，光有一个漂亮的脸蛋可不行。"在其位，就要谋其政"。要是像她那样愚蠢，只想着自己寻开心，如何对得起这个国家呢？

越：她最愚蠢的事，应该就是既需要您的庇护，却还想当英格兰女王。以她那点智商，连个小小的苏格兰都管不好，怎么能管好英格兰呢？

伊：为了这个王位，我吃了那么多苦头，经历那么多的磨难，怎么可能轻易拱手让人？

越：是的，当王不易，当女王更不易。得时时小心，刻刻提防，一个不小心，就可能跌下神坛，走上断头台。

伊：对。比如结婚这件事，若是我结了婚，不但会连累我的丈夫，还会连累我的臣民，于国于家于己，都不是一件好事。

越：可您一直不结婚的话，您打下来这一大片江山，将来给谁继承呢？

伊：（沉默良久）有可能是苏格兰女王的儿子吧，他跟我的血缘关系最近。

越：啊？绕来绕去，还是绕到玛丽女王身上去了。

伊：……唉，我有点不舒服，今天的采访就到这里吧。（起身离去）

广告贴吧

徽章批准通告

约翰（莎士比亚之父）出身农家，曾担任过治安法官、镇长以及女王的官员，妻子为绅士之女，长子为著名剧作家，全家衣食无忧，有价值500多英镑的多处地产，符合成为乡绅的基本条件，特此批准。

英格兰纹章院

指南针的秘密

指南针的指针为什么总是指向一个方向呢？

吉尔伯特先生身为女王的御医，却一直致力于磁现象研究，并于今年（指1600年）出版了《论磁》一书，这本书将为您揭示指南针的秘密，给大家展示一个全新的世界。存货不多，欢迎提前选购。

英格兰三味书局

东印度公司成立通告

为更好地经营英格兰在印度的事业，经伊丽莎白女王大力支持，现决定成立"不列颠东印度公司"。本公司由一群有创业心和影响力的商人组成，并拥有英格兰皇家授予的贸易专利许可，期限为15年，今后将由本公司全权负责英格兰在印度的贸易与生意。如果您有资金有野心，欢迎加入我们的团队。

东印度公司

改用格里历

各位兄弟姐妹，为给大家提供一个准确而又可靠的日历参照，现教会决定改用新的历法——格里历（即公历），以耶稣诞生之年为纪年的开始，今年为1582年。由本届教皇颁发执行。

罗马教会

第 12 期
【1550年—1624年】

海上马车夫

穿越必读

通过艰苦卓绝的革命，尼德兰打败西班牙，建立了荷兰共和国。这次革命，是人类历史上第一次成功的资产阶级革命。从此，小小的荷兰开始以大国姿态取代西班牙，称霸世界。

顺风快讯

尼德兰：即将爆炸的火药桶
——来自尼德兰的加急快讯

> 来自尼德兰的加急快讯

（本报讯）在法国北部，有一个叫"尼德兰"（低地的意思，包括今荷兰、比利时和卢森堡）的地方。

这里靠近大海，大部分地方低于海平面，很适合大船出入，因而前来经商的商人络绎不绝，各行各业都非常发达。

西班牙把它当作一头奶牛，每年要从它身上搜刮大量的钱财。

受宗教改革的影响，这些年来，信奉新教的尼德兰人也越来越多。这是信奉天主教的西班牙人绝不能容忍的。于是，西班牙颁布了一道血腥的法令，凡是传播新教的人，统统处死，就连帮助过新教徒的人也不能幸免。

国王腓力继位后，手段更狠，不但残酷迫害新教徒，还在当地征收重税，导致成千上万的工场倒闭，工人失业，让尼德兰人十分不满。

很多尼德兰人表示，希望能够把西班牙人赶出去。可以说，现在的尼德兰就像一个火药桶，随时可能爆炸。

世界风云

"乞丐"闹革命，尼德兰变屠宰场

1566年4月，尼德兰总督府门前出现了几百个"怪人"。他们一个个穿得破破烂烂，身上还系着讨饭袋。

——咦，他们是来向总督讨饭吃吗？

当然不是，这些人不但不是乞丐，而且个个都是有头有脸的大人物，为首的是一向以沉默寡言著称的威廉亲王（史称沉默的威廉）。——他们为什么要装扮成这副模样呢？

原来，他们是代表尼德兰人找总督请愿来了，希望西班牙停止对新教徒的迫害。没想到，总督府不但不同意，还将他们像赶乞丐一样，赶出了总督府。

消息传来，尼德兰的百姓怒了！他们高喊着"乞丐万岁"，拿着木棒、锤子等工具，冲进教堂和修道院，对着里面的画像、雕塑等"圣物"一通乱砸（史称破坏圣像运动）。没多少日子，这场运动就像星星之火，在各地蔓延开来。

这下腓力国王可慌了。他假装答应人们的要求，暗中却安排了一个新总督，带领军队去镇压。新总督人称"铁拳公爵"，是个心狠手辣的家伙，一到尼德兰，就处死了许多新教徒，还扬言说，宁可把尼德兰人变成穷光蛋，也不会给尼德兰人留一个子儿。

一时间，整个尼德兰到处都是被烧死、绞死的尸体，呻吟声、哭喊声响成一片。成千上万的尼德兰人逃往外国，就连威廉亲王也逃走了。

世界风云

荷兰共和国成立了

尽管西班牙对尼德兰大肆镇压，但尼德兰人没有放下武器，仍然坚持斗争。

他们分成南北两支，一支叫"海上乞丐"，一支叫"森林乞丐"，在大海和森林中神出鬼没，打得敌人晕头转向。威廉亲王也变卖所有家产，从国外招来一支军队，领导人们一起战斗。

老百姓也向着他们，为他们提供吃的、住的，通风报信，有的干脆加入游击队，甚至连老人和小孩也武装起来。

西班牙人见尼德兰人团结一心，一时攻不下来，就假惺惺地表示，以后会"好好地"对待他们。

尼德兰人一向讲信用，就傻傻地相信了。结果，西班牙一进城就翻了脸，烧杀抢掠，无恶不作。

从那以后，大家再也不相信西班牙人了。西班牙人每攻打一个城市，大家都拼了命地抵抗。

1574年，西班牙军队攻打一座海边城市，久攻不下，就把城市团团包围，威胁城里的市民说："要是再反抗，就让它片瓦不留！"

城里的市民回答说：

世界风云

"就算是要吃掉自己的左手,来保护我们的右手,我们也会守住这个城市!"

苦守三个月后,他们终于等来了一支援军。聪明的援军掘开海堤,把城外变成一个巨大的"露天游泳池"。西班牙军队被淹,损失惨重,只好灰溜溜地撤了。

尼德兰人乘胜追击,队伍越打越强,没多久就占领了总督府,解放了北方七省。南方的城市也受到鼓舞,相继起来反抗。

眼看西班牙人就要完蛋了,关键时刻,南方却掉了链子。原来,南方的贵族担心对自己不利,受西班牙人挑唆,成立了一支天主教的同盟(即今比利时),还联合西班牙向北方发起进攻。

这可把北方的尼德兰人气坏了。他们当机立断,立刻发表独立宣言,正式宣布脱离西班牙。

从此,一个崭新的国家——联省共和国诞生了!因为在各省中,荷兰的地盘最大,经济也最发达,所以联省共和国又称荷兰共和国(史上第一个资产阶级共和国)。

世界风云

海上马车夫的秘密

摆脱西班牙的统治后,西班牙封锁了所有港口,禁止荷兰商船出入,但荷兰人的生意却越做越红火。这是为什么呢?

原来,荷兰人制造了一种特别的船。

在海上,船好比陆地上的马车,没有船,在海上什么都做不了。起先,最受欧洲人欢迎的是英格兰的商船。这种船大都装了一个平台,用来架设火炮,水手们也都带着武器,防止海盗袭击。

但荷兰人制造的船,不仅什么武器都没有,还多了一个又大又圆的"肚子"。这样一来,造船的成本只有英格兰商船的一半,运输的货物和利润却大大增加了。

谁会跟钱过不去呢?因此,越来越多的商人与荷兰商船合作。

当然,生意做得好,光靠船还不行,关键时刻还是靠人。

1596年,一只装满货物的荷兰船队,不小心驶进了北极圈,被冰封的海面困住了。船员们又冷又饿,喝了整整八个月的"北极风",死了八个人,才被人救起。

人们惊讶地发现,船上的货物不仅有衣物,还有食品。可船员们却始终没有动那批货物。

荷兰人用生命,守住了自己的生意,也赢得了人们的信任。从此,这个不到两百万人口的国家,取代西班牙和葡萄牙,成了海洋上最强大的"马车夫"。

嘻哈乐园

奇幻漂流

该把荷兰交给谁

编辑老师：

你好！前不久，我们尊敬的第一任执政官威廉被人暗杀了。他一死，整个荷兰犹如一盘散沙，不知如何是好。有人建议，去国外找一个强有力的国王来当荷兰的国王，保护荷兰和荷兰人。

可是，法国国王不想招惹西班牙，拒绝了。英格兰的伊丽莎白女王也拒绝了，但她派出了新的总督和军队来保护我们。不过，我们发现，她收取的保护费，比西班牙国王还高。

现在，我们该把荷兰交给谁呢？如果没有国王，西班牙再度攻打我们的时候，该如何是好？

一位忧心忡忡的荷兰议员

尊敬的议员大人：

您好。一个地方如果没有国王，好像是不成体统。但有国王，就不会出问题了吗？你们好不容易独立了，难道还能接受第二个"西班牙"？

据我了解，聪明的尼德兰人很久以前，就从贵族手里买下了城市的管理权，开始自治。也就是说，尼德兰一开始，并不是一个由国王统治的地方，各省、各市镇现在也还保留自治的传统。既然如此，为什么不让荷兰人自己治理呢？

至于西班牙，这个国家已经被他们的国王玩到破产。如果你们能和英、法等大国联合起来，对付西班牙根本就不是问题！

（注：西班牙被英格兰打败后，无力再战。1609年，西班牙与荷兰议和。1648年，欧洲各国正式承认了荷兰的独立。）

自由广场

荷兰人的黄金时代

美洲某农民

什么"海上马车夫"？说穿了，就是一群海盗！贩卖黑奴，侵占别人地盘，比起当初的西班牙、葡萄牙，有过之而无不及！有机会，大家来美洲看看，到处都是荷兰人！

别说美洲了，现在亚洲、非洲、大洋洲，哪里没有荷兰人？现在世界的中心在哪里？是阿姆斯特丹！

苏格兰某奶酪贩子

台湾某原住民

这些红毛鬼，攻打澎湖、澳门不成，就来侵占我们台湾。什么时候中原王朝能派人来管管，把他们赶出去啊？
（注：1661年，郑成功收复台湾，结束荷兰人在台湾38年的殖民统治。1683年，清政府收回台湾，实现全国统一。）

荷兰人只是运气好，但他们地少、人少，资源也有限。虽说西班牙已经不行了，但现在我们英格兰、法国都在大力发展海上贸易，超过荷兰是迟早的事儿。

英格兰某制造商

169

智慧森林

为真理献身的科学家

公元1600年,意大利著名科学家布鲁诺被教会烧死了。布鲁诺犯了什么罪,居然要被烧死呢?说到底,是一本名叫《天体运行论》的图书惹的祸。

《天体运行论》是一本天文学著作,作者是一个叫哥白尼的波兰天文学家。

在这之前,全欧洲的人都相信托勒密的"地心说",相信地球是宇宙的中心,是静止不动的,而太阳、月亮、星星都是围绕着地球转动。人在转动的地球上之所以不会被甩出去,是因为受到上帝的保护。星球在运转时不会撞到一起,是上帝控制

得好。

教会利用这个学说,编造出许多神话,说地球是上帝创造出来的,太阳、星星、月亮都是点缀宇宙的装饰品。

但哥白尼却在《天体运行论》中说:"地心说"是错误的,不是太阳围绕地球转,而是地球围绕太阳转,太阳才是宇宙的中心。

但哥白尼比较胆小,怕自己被教会当做异端迫害,所以迟迟不敢把它公开发表。

一些人听说了他的观点,嘲弄他说:"疯子,如果地球是运动的,你怎么现在还能稳稳地站着呢?"

哥白尼听了,一声不吭。有人为他打抱不平,问他:"你为什么不和他们理论呢?"

哥白尼说:"何必理会呢?真理不会因为他们的无知而有所

智慧森林

改变!"

1543年,哥白尼得了重病,决定出版自己的著作。遗憾的是,这本书刚印好送到哥白尼的手中,哥白尼就去世了。

这本书一出版,就在欧洲引起了巨大的轰动,不少人相信哥白尼的观点,布鲁诺就是其中一个。

布鲁诺原本是一个修道院的神父,被哥白尼的日心说吸引后,逃出了修道院,四处推广哥白尼的学说。

1592年,气急败坏的教会以"异端"的名义,将布鲁诺关进了监狱。在监狱里,教会承诺他说,只要他放弃支持日心说,就放了他。

布鲁诺却说:"你们不要白费力气了,我不会为了讨好你们而放弃真理的!"

八年后,布鲁诺被活活地烧死在罗马的鲜花广场上。

行刑前,有人问他:"你还有什么要说的吗?"

布鲁诺庄严地回答:"黑暗即将过去,黎明即将到来,真理最终将战胜邪恶!"

这位可敬的科学家,就这样为真理献出了生命。

(注:两百多年后,罗马异端裁判所承认对布鲁诺的判处是错误的,公开为他平反昭雪。)

名人来了

特约嘉宾
伽利略
（简称"伽"）

越越
（简称"越"）

> 嘉宾简介：意大利物理学家、天文学家，科学革命的先驱。他发明了摆针和温度计，在科学上为人类做出过巨大贡献，是近代实验科学的奠基人之一。

越：大师，您好。我查了一下您的资料，您是出生在意大利的比萨，是吧？

伽：对。

越：那我想问一下，为什么城里的比萨斜塔能在几百年的时间里一直斜着，而不倒下呢？

伽：这个问题嘛，哈哈，我也说不清。

越：（挠挠头）这样啊，那我们说点别的。听说您在比萨斜塔做过一次实验，是什么实验呢？

伽：就是看看不同重量的球体自由落下，如果不计入空气阻力，会不会同时着地。

越：可是，古希腊学者亚里士多德说，越重的物体下落速度比越轻的物体下落速度要快呢。

伽：那是亚里士多德的直觉而已，他又没有做过实验。

越：您做过？

伽：当然，做了很多。实验证明，他的观点是错的。

越：啊，亚里士多德可一直是学术界的权威啊！

伽：权威也会犯错，这并不可耻。可耻的是明知犯了错，却不愿意承认的人。

越：您好像话里有话？

伽：我就明说了吧，比如目前的"地心说"，完全是个谬论，但某些人为了自己的利益，仍然宣传"地心说"是对的。

越：您也是哥白尼的粉丝？

伽：嗯，自从发明折射望远镜后，我就更加相信"日心说"了。

越：咦，那个望远镜不是荷兰人发明的吗？

伽：荷兰人的发明只是个玩具，怎么能和我的发明相提并论？我的折射望远镜可

名人来了

是观察星空,观察宇宙的!

越:那您观察到了什么?

伽:太多了,比如月亮是坑坑洼洼的,木星周围有四颗卫星,太阳上面有黑子……这些都充分证明,行星围绕太阳转动,哥白尼的"日心说"是正确的。

越:那这下大家该相信了吧?

伽:可惜教会那帮人还是不信。

越:那您让他们用折射望远镜看看呗!事实胜于雄辩!

伽:他们不看也不听,只是一味地反对!

越:哦,那对这样的人,不用理睬好了。

伽:嗯,我的朋友开普勒也这么劝我。

越:开普勒?就是那个有名的德国科学家开普勒吗?

伽:对。他不但是哥白尼的粉丝,还算出了行星沿着太阳运行的轨道。虽然我们从未见面,但他写信给我说,不管别人怎么说,我们只管做自己的研究就好。

越:他说得对。科学家本来就走在时代的前面,难免要惹人非议。

伽:是啊,可怜我这个朋友为了做科学研究,一直过着穷困潦倒的日子。

越:他不是皇宫里的数学家吗?为皇帝工作,应该很有钱吧?

伽:那皇帝非常抠门,发的工资少得可怜,还常常拖欠不给。就是因为向皇帝讨工资,他才病死在路上。

越:唉!

伽:我现在的处境也好不了多少,教会一直在逼我认罪,估计不久就要去天国跟老朋友相会了。

越:别这么说。要不,"好汉不吃眼前亏",先认个罪算了?

伽:坚持真理难道也有罪?我没有罪!

越:不管您认不认罪,真理永远不会改变的,总比白白赔上性命强啊,对不对?

伽:对,对(喃喃自语)地球还在转动。(蹒跚着离去。)

(注:伽利略晚年被软禁在家,直到临终前,还在从事科学研究。)

广告贴吧

⚖ 求投资

　　荷兰东印度公司因资金不足，现决定对外融资。该公司由十四家公司于1602年联合成立，可自行雇佣军队，发行货币，还能和别的国家签订合约，对当地进行统治，主要在东印度从事香料、药材、黄金等贵重物品买卖，利润丰厚。

　　如果您有大量闲置资金，并且能耐心地等待十年，不妨前来投资。不用担心，只要你想，未到分红期限，也可以随时将自己的股票兑换成现金。本次融资不限国籍，所有荷兰及非荷兰人士均可参加。

阿姆斯特丹证券交易所

📖 《唐·吉诃德》，一部划时代的作品

　　有这样一本书，它既可以让你笑，也可以让你哭！它就是西班牙著名作家塞万提斯的大作《唐·吉诃德》！

　　想知道五十多岁的骑士唐·吉诃德，和他那肥肥的仆人桑丘，经历了哪些荒唐可笑的蠢事吗？那就赶快买一本看看吧！

图书我最全书店

⚓ 专利所有，打击盗版

　　本人经多次试验，发明了有史以来第一个望远镜，并成功地通过了国家的专利申请。但最近本镇却有不少同行声称自己是望远镜的发明者，十分可耻！请大家尊重原创者的发明成果，支持正版，拒绝使用盗版！

荷兰眼镜师汉斯·李波尔

智者为王 第❹关

1. 英格兰国教的最高领袖是谁?
2. 亨利八世有几位王后?
3. 《乌托邦》是哪位作家的作品?
4. 羊吃人的惨剧是指英格兰的什么事件?
5. 欧洲第一个新教掌权的共和国是哪里?
6. 被送上断头台的玛丽曾经是哪个国家的女王?
7. 第一个被称为日不落帝国的是哪个国家?
8. 《哈姆雷特》《罗密欧与朱丽叶》是哪位作家的作品?
9. 死后令法兰西人痛哭不已的是哪位国王?
10. 《论磁》的作者吉尔伯特在女王身边担任什么职务?
11. 格里历就是现在的什么日历?
12. 荷兰国父是谁?
13. 世界上第一个资产阶级共和国全名叫什么?
14. 《唐·吉诃德》的作者塞万提斯是哪个国家的?
15. 第一个发明折射望远镜的人是谁?

智者无敌 王者为大

智者为王答案

第❶关答案

1. 《神曲》。
2. 乔托。
3. 《十日谈》。
4. 但丁、彼特拉克和薄伽丘。
5. 12年。
6. 西班牙。
7. 风暴角。
8. 亨利。
9. 约翰王。
10. 西班牙。
11. 不是,是热那亚人。
12. 不是,是美洲。
13. 烟草。
14. 不是,在美洲。
15. 不是,是指美洲的原著居民。

第❷关答案

1. 达·伽马。
2. 麦哲伦。
3. 巴西。
4. 古里。
5. 泰国。
6. 撒哈拉大沙漠。
7. 马里。
8. 伊本·白图泰。
9. 1999年。
10. 津巴布韦。
11. 玛雅文明、阿兹特克文明、印加文明。
12. 亚马孙河。
13. 密西西比河。
14. 玛雅人。
15. 冬瓜。

智者为王答案

第❸关答案

1. 达·芬奇、米开朗基罗和拉斐尔。
2. 《蒙娜丽莎》。
3. 《大卫》。
4. 拉斐尔。
5. 马基雅弗利。
6. 圣彼得教堂。
7. 丢勒。
8. 荷兰和比利时。
9. 伊斯拉谟。
10. 德文。
11. 西班牙。
12. 查理五世。
13. 苏莱曼大帝。
14. 拉伯雷。
15. 火绳枪。

第❹关答案

1. 英格兰国王。
2. 六位。
3. 托马斯·莫尔。
4. 圈地运动。
5. 日内瓦共和国。
6. 苏格兰。
7. 西班牙。
8. 莎士比亚。
9. 亨利四世。
10. 御医。
11. 公历。
12. 威廉·奥兰治。
13. 荷兰共和国。
14. 西班牙。
15. 伽利略。

世界历史大事年表

时　间	世界大事记
14世纪初—16世纪	意大利文艺复兴
公元1405年—1433年	郑和下西洋
公元1418年	葡萄牙王子亨利开始探险
公元1487年	迪亚士发现好望角
公元1492年	西班牙完成初步统一
公元1492年	哥伦布发现新大陆——美洲
公元1498年	达·伽马到达印度
公元15世纪	黑奴贸易开始
公元1517年	马丁·路德开启宗教改革运动
公元1519—1521年	麦哲伦环球航行
公元1527年	西班牙称霸欧洲
公元1533年	西班牙灭亡南美印加帝国
公元1534年	英格兰宗教改革开始
公元1543年	哥白尼发表《天体运行论》
公元1558年	英格兰女王伊丽莎白一世登基
公元1581年	荷兰共和国成立
公元1588年	英格兰击败西班牙无敌舰队
公元1589年	法国波旁王朝开始
公元1600年	不列颠东印度公司成立
公元1609年	西班牙承认荷兰的独立
公元1624年	荷兰入侵台湾